老去的东京　苏醒的地方

〔日〕牧野知弘　著
魏海波　陈海燕　译

广西师范大学出版社
·桂林·

前　言

资源极度集中的东京
“大城市经济”时代落幕之序章

平成二十八年（2016年）3月26日，连接新青森站和新函馆北斗站的北海道新干线开通，全程约149公里。

自昭和三十九年（1964年）东海道新干线开通，在这52年间，新干线以本州为中心，纵贯北海道函馆至九州鹿儿岛，横向扩展至秋田、山形、新潟、金泽等地，构成了连接日本各地的大动脉。

新干线总长度（运营里程）超3000公里，车站数目达到100个。人们可以乘坐新干线轻轻松松地环游日本，这给日本的国土发展带来了巨大影响。

车站仅仅只是一个匆匆而过的中转站？！

每天都有不计其数的商务人士、观光游客、回乡探亲的旅客涌入新干线，然而在这100个新干线车站当中，大家对其印象深刻的有多少个？笔者自身由于工作原因，在国内各地出差较多，更是频繁乘坐东海道新干线与东北新干线等线路。然而我在新干线上打个盹儿后醒过来，猛地看一眼外面经停的车站，也并不能立刻辨认出到了哪一站。没有哪个车站在我脑海里留下过深刻的印象。

为什么会这样呢？原因无非是新干线的所有车站都像是个枯燥无味的、工具般的大箱子，旅客从这里下车的时候，并不能呼吸到这个城市的气味、感受到这个城市的氛围。

从新干线上走下来，站到月台上，然后走楼梯或是乘电梯到检票口。下车后的路程倒是很顺畅，没有任何问题。

检票口附近有很多卖纪念品的商店，摆满了当地的土特产品。走到这里才终于开始感受到一点当地的特色，然而这些店铺也只是将商品冷冰冰地摆在那里而已。

那么出了检票口又是怎样的光景呢？出来后是出租车扬招点和公交车站。日本所有的车站构造都基本一样，设计千篇一律，很难看到当地的特色。

我们不得不承认车站在功能性方面做得非常出色，这对于乘客顺利完成行程是不可或缺的。然而新干线车站的设计缺乏打动我们内心的地方，车站只是迎来送往、匆匆而过的一个中转站，这是许多新干线车站及其周边的现状。

以新干线为代表的铁路网，如蛛网般遍布全日本。而除了铁路交通以外，日本的航空网络也很发达，试问诸君，知道国内有多少个机场吗？

实际上我国现在一共有97个机场。日本的行政区划都道府县共47个，然而机场就有97个。虽说日本地形很特别，南北狭长且多山，交通不便，但是尽管如此，机场数目之多仍然令人惊讶。媒体方面一直以来都批评机场造得太多，浪费公共资源。

这个时代最重要的事情之一就是开通至东京的线路

那么问题又来了，这97个机场当中，能给诸位留下深刻印象的有多少个？有没有哪个机场，当你走出飞机的那一瞬间，马上就感觉到旅程中的心跳？

诚然，在选择机场的时候，大多数人都是考虑去往市区的交通是否方便、离市中心的距离、机场巴士的时间表等，无暇顾及其他。

除福冈机场等少数机场外，日本的大部分机场都离市区比较远。旅客即使乘坐了飞机，出发前、到达后也需要花不少时间，如此算来效率并不太高，有时候跟坐火车相比也没有多少差别。

日本从20世纪的经济高速增长期到现在，都是将发展经济放在优先位置，因此大力完善国内交通，广修新干线，增加航空线路，车站与机场只是作为承载它们的出发点和目的地而修建。至于经济中心，始终都是东京，也就是说，东京是日本的中心——这是一贯以来做任何事情的大前提。那么如何使地方去往东京的交通更为便利呢？那就是通过新干线和飞机，将地方城乡与首都东京连接起来，这曾是我国国土开发规划过程中最重要的一环。

可以说，无论是新干线还是航空线路，都将“进京”作为中心来考虑。而在与东京连接起来的大多数地方，尤其是年轻人，一去东京便不再返回故乡。这是大城市的“虹吸效应”。如今，地方人口越来越少，以东京为中心的首都圈却聚集了日本总人口的1/4。在这件事情上，新干线和飞机可谓“功不可没”。

时至今日，日本已不再奢望像过去那样的经济高速增长。人口上不仅是减少的问题，结构性老龄化也变得日益严重，即使是现在人口高度集中的首都圈，也将面临严峻的老龄化社会局面。

日本创成会议于2014年5月发布的一份令人震惊的报告表明，如果放任现在的局势发展，到2040年，将有896个地方行政区域（大约相当于现有行政区域的一半）面临消失的危机。

今后的日本，已经不太可能期待经济总量的增加。此前为了增加经济总量，国内非常重视效率和功能，其结果便是修建了如此之多的新干线车站和机场。

资金与人口的流动正在发生变化？！

鉴于今后对日本经济总量的增长不抱期待，地方城乡之间将不可避免地陷入激烈的生存竞争。

由于内需变得越来越少，从这方面日本也很难打破僵局。整个国家的驱动力越来越弱，即使把希望寄托在一直以来带动经济前行的东京身上，其恩泽也难以惠及每个地方。

然而最近有几个地方，发生了一些小小的异常事件，其中一件是访日外国游客的剧增。此前他们的去向通常是东京、京都、大阪等大城市，其疯狂购物更是一度成为热门话题。如今许多外国游客渐渐发觉了日本的好处，回头客开始增加。

这些回头客不仅去大城市，也将足迹延伸到了日本的各个地方。他们积极去体验日本的自然风光与食物，感受当地的历史文化与风土人情，乐在其中。他们的目的不只是旅游观光，也让孩子来到这个自己喜爱的国度留学。此外，希望在日本工作的外国年轻人也增加了许多。

而日本的年轻人当中，理性地与人口越来越膨胀的东京保持距离，在地方上寻求发展的人也增加了。事实上，由于现代社会网络越来越方便，人们厌倦了生活成本高的东京等大城市，开始寻求在地方城乡工作定居。

原本应当被虹吸效应带走的年轻人，如今坐着新干线和飞机来到了地方城乡。外国人更是直飞地方机场。新干线车站与机场此前主要是送人“进京”，现在慢慢开始转变成迎人“下乡”。

可以成为地方“摇钱树”的素材有很多

那么，对于来到日本的外国游客，以及发现地方城乡的优点后打算来这里工作、生活的人们，车站和机场应该以怎样的面貌与姿态来迎接他们呢？——毕竟我们大多数的车站与机场只考虑功能性，单调乏味得像个工具箱。

大多数的地方城乡都面临着人口急剧减少的严峻局面，这些地方今后如果想要生存下去，必须记住两点：

其一是必须从外面引进人口。日本总人口不断减少、结构性老龄化越来越严重，已经很难自力更生。我们要把地方城乡打造得更有魅力，以此吸引国内外的人们。

其二是要意识到：迎接这些客人的门户就是车站和机场。

从这个角度再来审视这些长得一模一样、乏善可陈的车站和机场，在迎接客人方面显得毫无诚意。

有许多地方，现在连送往东京的年轻人数量都减少了。在成为一个消失的地方行政区域之前，如何扮演好自己的角色，让外面的人们感受到自己的魅力，是这些地方今后最大的课题。

日本整体的经济增长速度放缓，或许反而给了国内，尤其是地方城乡一个展现魅力的绝佳机会。毕竟单靠东京一台发动机牵引，已经无法支撑整个国家的发展了。

幸运的是，日本的新干线和机场等基本公共交通设施已经配置得很完备了，尖端科技在世界上仍然处于令人惊叹的领先地位。日本自然资源丰富，食物美味，有着悠久的历史和文化传统，被认为是一个“自然资源丰富的国家”“理想的国度”。

在这样的背景下，地方城乡今后将能发挥更大的作用，寻找“摇钱树”，大有前途。此前地方城乡一味地向东京输出人和物，换取中央给予补助金，现在应当彻底与这种形象告别，在全日本乃至全世界塑造一个独立的形象，将吸引人才放在首位。

面对闪烁着光芒的时代舞台，地方城乡该如何登场，本书将提出战略性的布局思路。

在此让我们一同来思考地方城乡时代的构建，并且期待十年后、二十年后，当旅客们来到新干线车站或者机场，会一眼就爱上这个地方。

牧野知弘

2016年7月

目　录

第一章　大城市“英雄迟暮”之日

第二章　潜伏在自然美景、世界遗产中的陷阱

第四章　实例：提升地方活力的非常规方式

第五章　车站推动日本经济

第七章 “陆海空”全方位经济模式

后 记

第一章

大城市『英雄迟暮』之日

环首都城市圈老龄化的巨大影响

曾经，所有的铁路、公路都围绕东京、大阪等大城市群修建，“大城市经济”模式带动着日本经济前行。

在日本的经济高速增长期（1955—1973年），许多小地方的年轻人离开故乡，来到东京、大阪等大城市。在小地方，只有长子留守继承家业，其他的孩子都去了大城市，在大城市读大学，毕业后留在大城市的公司里成为一名职员。

1947年到1949年日本迎来了战后婴儿潮，这期间出生的人被称之为“团块世代”[①]。这个时期出生的人数大约有800万，至今健在的人数仍超过600万，其中有一半人居住在首都圈等三大城市圈。

他们当中的大部分人都是离开故乡，来到东京工作，养儿育女，在东京近郊买房，为了家人拼命工作。在东京奥运会后的

① 团块世代：指日本在1947年到1949年之间出生的一批人，他们出生时正逢日本二战后出现的第一次婴儿潮，这一批人因为“一团似的”集中出生而得名“团块世代”。他们曾是日本经济高速增长期的主力。

2024年，这一批人将整体进入高龄老人（日本将75岁以上的老年人定义为高龄老年人）的行列。

首都圈就此开启急剧的老龄化进程。图1是几个城市在2030年、2040年人口老龄化率（65岁以上人口占总人口的比率）的预测一览图。这几个城市分别是被称作首都圈住宅城的横滨市、千叶市和目前人口老龄化问题已经相当严重的山口市、松山市、宫崎市等西日本地区的一些主要首府城市。

图1　老年人口的比例

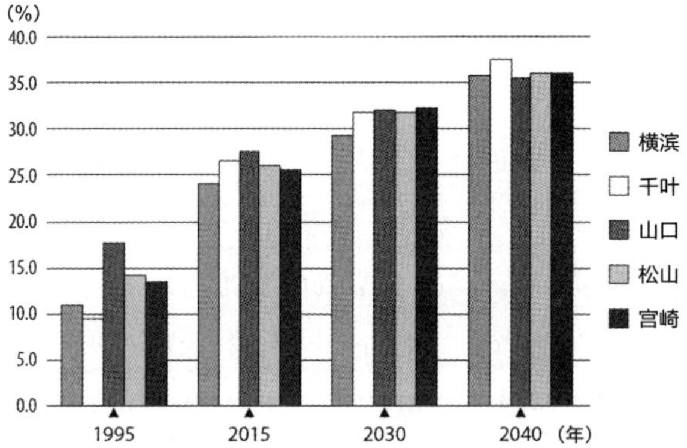

来源：日本国立社会保障·人口问题研究所

从此图可以看出，千叶市在1995年的老龄化率仅为9.4%，老年人口并不多。千叶县的千叶市、船桥市、松户市、柏市等城市，居住着许多在东京上班的白领，属于典型的住宅城。

然而千叶市的老龄化进程非常迅速，2015年的老龄化率为

26.6%，超过了松山市的26.1%。而且到2040年其老龄化率将达到37.5%，比宫崎市、松山市都高出一头，进入最严重的老龄化社会。

曾经的首都圈，聚集了众多年轻人，被认为是与老龄化无缘的城市。“团块世代”的儿女们——我们姑且称之为“团块二代”，上了初中、高中，构成了新一代年轻人口，他们进入社会的一线工作，又激发了社会的活力。

然而如今“团块二代”也大部分过40岁了。他们的父母则已经迈入晚年，不久将被视为高龄老人，在医疗和护理上迎来一笔不小的开支。

“团块世代”人口庞大，其影响力不可小觑。这些人在每个阶段的举动都是一致的，所面临的状况也是相同的，对社会的影响自然很大。

摆在首位的就是医疗与养老设施的巨大缺口。2020年东京奥运会之后，首都圈的大部分医院床位都会被老年人挤满，东京将遍地是无法进入养老机构的高龄老人。

那么图1中介绍的西日本地区的各个城市又是怎样的光景呢？事实上，在西日本的大部分地区，2020年之后“老年人问题”将有所缓解。虽然老龄化率仍将持续上升，但是增长幅度逐渐变小，与首都圈住宅城逐渐平齐。

之所以如此，是因为人到高龄就“消亡”了。西日本地区的老龄化率在2040年升至极限，原因在于人的寿命增长。这些地区的老龄化率虽然有所上升，但是整体人口也在减少，老年人口本身不再增加，并且逐渐减少。

因此，我们可以预测这些地区的人口金字塔将趋于均衡。这种在整体规模缩小后达到了某种平衡的人口结构，给我们重振地方城乡又提供了可能的空间。

如此，在日本的老龄化社会进程中，地方城乡成了领头羊。首都圈等大城市地区，在老龄化的道路上落后地方城乡20年，但是越跑越快，最后反而比地方城乡更为严重。而使首都圈加快了老龄化步伐的正是居住在这里的、人口庞大的“团块世代”。

首都圈即将迎来真正的“老龄化局面”，背后有如上所述的时代背景。

首都圈是国内聚集了最多人口的区域，老龄化率30%的数值所对应的实际人口数目非常惊人。如果不建造相应数量的医疗设施和养老机构，根本无法容纳这些多出来的老年人。

2015年首都圈（首都及三个县）的75岁以上高龄老人人口数目约为397万，其中享受护理服务的有118万。然而在仅仅十年后的2025年，这两项数目预计将分别达到572万和172万，增幅高达45%（图2）。

图2　首都圈（东京及周边三县）的老龄化现象

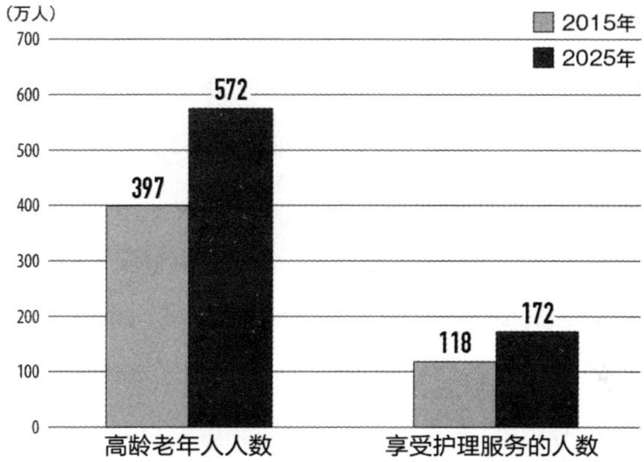

不只是医疗设施和养老机构的问题，首都圈的公立托幼机构也已经严重不足。现在这个时代，由于工作方式和社会观念的变化，女性结婚后仍然继续工作已经是司空见惯之事。但是对于这样的时代变化，政策配套却严重滞后。网络上曾有人抱怨“我家孩子连托儿所都没得进，日本可以完蛋了”，一度引发热议。首都圈的状况也的确如此，排队等待进入托幼机构的孩子太多了，年轻的父母带着孩子一筹莫展。

另一方面，地方城乡拼命修建了许多养老设施，部分设施却空出来了，因为这些地方的老年人大多是和女儿、儿子一家住在一起，或者即使不住在一个屋檐下，也是就近居住。老人一般都会帮忙照看小孩，所以也没必要去托儿所，也就不会出现首都圈这样的状况。

这样比较下来，今后居住在大城市还会比住在地方城乡好吗？

我们对此持怀疑态度。

总而言之，地方城乡将迅速解决老龄化问题，谋求新的发展模式，从人口结构的扭曲状态中逐渐解放出来。在人口的减少达到一定程度之后，地方城乡将以一种小型化社会的姿态踏上振兴的舞台。

被遗弃的郊外住宅

首都圈的老龄化问题也让人们担心会给房地产价格带来重大影响。“团块世代”中的大多数人从地方“进京”已经过了大约50年了，他们成家立业买房之时，正值东京地价暴涨，由于买不起市区的房子，便在各条市郊铁路的沿线购买。

他们当时买的是UR公司（当时为日本住宅集团）建设的小区，如东京的高岛平新城、多摩新城，大阪的千里新城等。之后家里人口增多，为了让孩子们在一个自由宽松的环境下成长，这些父亲又换到郊外买了独栋的房子。

等到孩子顺利长大、走向社会，这些房子里就只有年迈的父母继续留守了。小地方的人们可能会认为，大城市里不缺学校、不愁工作，生活在大城市的家庭应该不会分开居住了吧。然而事实并非如此，对于这些在大城市工作的“团块二代”们，郊外的父母家离自己上班的地方还是太远了。而且现在的老年人身体都很健康，寿命也越来越长，遗产继承之类的事情还早得很，所以孩子们也不怎么操心父母家里的事。他们住在市区里，要过很久才去一趟郊外的父母家。两代人之间越来越有距离感。

而且这些父母买的房子都非常小，以前被外国人嘲笑说是“兔子窝”。跟父母住在一起，很难有个人的隐私空间。

再加上前面提到的，现在双职工家庭越来越多了。即使从老人那里继承了这套郊外的房子，这种郊区是没有什么托儿所、幼儿园的。如果要生孩子，就没有办法把孩子交给托儿所照看、自己继续上班。所以，郊区房子对于孩子们而言就成了无用之物。

像这种建在郊外的、不再受欢迎的房子，首都圈里有很多。曾经在公交车10分钟到火车站、火车40分钟至1小时到市中心的铁路沿线郊区，盖起了大片户均面积50坪①的独栋房子。如今孩子也不住了，老人也去世了，这种离车站不够近的房子出租也很困难，最终下定决心打算要将其出售的时候却发现很难卖个好价钱了。

首都圈的这种郊区小独栋房子，在鼎盛时期曾经价值1亿日元，如今有的只卖1000万日元了。而离车站有点距离的二手公寓更是标价250万日元左右，仅相当于一辆车的价格。

大城市也有老龄化问题？！

日本的老年单身户在急剧增加。全国总户数5184万（2010年），

① 1坪约为3.3平方米。

老年单身户有573万，占比一成多。我们可以想象，在今后的十几年里，这些单身老年人的住宅很有可能人去楼空。

地方城乡的空房子很早以前就成了社会问题，而现在这个问题也将困扰首都圈。随着居民老龄化的问题越来越严重，老年单身户不断增加，郊区的房屋群如同沉睡的“空房预备军”蛰伏在首都圈。

如此看来，首都圈大城市还称得上是繁华热闹、充满乐趣的地方吗？

日本音乐组合内山田洋 &Cool Five 在1976年发行过一首叫作《东京沙漠》的歌曲，里面有这样的歌词：

天空在哭泣，烟尘满面，人们将温柔丢弃在哪里。

楼房耸立如高山，山谷间却没有河水，只有黑色的人头涌动如潮流。

（作词：吉田旺 作曲：内山田洋）

如今的东京没有了煤烟，河流也变干净了，然而曾经涌动的黑色人头也慢慢地变成了苍苍白发。

偎依在身旁的年轻恋人，转眼就到了耄耋之年。我们或许不应该继续固执地追寻东京沙漠里的海市蜃楼，而应该好好地拾掇一下余生了。

相模铁路延长至东京的真正原因

相模铁路是一家总公司设于神奈川县横滨市的民营铁路公司，在全国范围内并不是很有名，但是在关东的九大民营铁路公司（小田急、东急、京王帝都、京滨急行、西武、东武、京成、东京地铁、相模铁路）中也占有一席之位。

相模铁路总运营里程不过38公里，分成两条线路：一条是干线，起点在神奈川县东部的横滨站，终点为海老名站；另一条是叫作泉佐野的支线，从位于干线上的二俣川站出发到湘南台站。相模铁路对于神奈川县的百姓来说可谓家喻户晓，但它也是关东地区这些大民营铁路公司中唯一没有连通到东京的。

正是这家铁路公司，现在终于公布要达成夙愿——延长铁路连通至东京了。2018年内修建完成从干线的西谷站（位于横滨市保土谷区）到新线路（相模铁路与JR直通线）的羽泽站（JR东海道货物线的横滨羽泽站）之间的2.7公里线路。从这里可以乘坐横须贺线去往武藏小杉、新宿方向，并且在2019年4月，这条线路将被继续延伸，填补东急东横线日吉站之间的10公里线路，连入东横线和东急目黑线。

相模铁路不仅起到了连接横滨东部与西部的作用，之前二俣川的丘陵地区采掘的砂石也曾通过这条线路运送，所以横滨的老一辈居民们曾将其称之为“石头铁路”。如今这条铁路上的火车将驶入东京市区，这对于相模铁路而言具有划时代的意义。

相模铁路直到现在才急急忙忙地打通至东京的线路，据说是因为担心沿线居民的老龄化将影响铁路公司今后的运营收入。铁路公司在铁路沿线开发房地产，建了很多公寓和独栋住宅，是为了招揽东京的上班族。这些上班族在铁路沿线买房后，每天早上都要坐火车去东京，对于铁路公司而言他们是长期购买月票的贵客。

然而最近，不仅是相模铁路，其他大型民营铁路公司的月票收入也都感受到危机了。原因在于昭和四十五年至五十年左右购房的那一拨上班族逐渐退休了。

他们退休，不去上班，对于铁路公司而言意味着如同印钞机一般的月票收入没有了。

今后退休的人只会越来越多，各铁路公司要确保自己的营收，就必须积极推进与其他公司的线路连通，让铁路沿线地区再度焕发魅力。

过去铁路公司的“成功法则”是以有月票的乘客为中心拓展事业，现在是推进与其他公司线路的相互换乘，从其他线路引来客人。过去铁路公司的任务是将去东京上班的乘客安全舒适地运送“进京”，现在这个思路要有巨大的转变。

“下乡电车”崭露头角

最近有个新的现象值得关注，那就是越来越多的外国游客从东京乘火车到周边地区一日游。

这些铁路沿线其实有许多十分吸引人的旅游景点。小田急的沿线有江之岛、箱根，京王帝都的沿线有高尾山，东武的沿线有日光，京成的沿线有成田山新胜寺，京滨急行的沿线有三崎城之岛等。

沿线的车站也开始为所在的小城镇营造吸引力。2015年春，东急田园都市线的二子玉川站附近建造了一个叫作RISE的由办公楼、商业设施、住宅共同构成的街区，乐天集团整体迁入该处。之前的办公和商业都高度依赖市中心，而现在RISE给我们提供了一种全新的模式。

从这些动向也可以看出，铁路公司正在把事业重心从此前的致力运送东京上班族“进京”转变到迎接乘客“下乡”。

首都圈还有其他许多好去处，而不唯东京一地。因此铁路公司开始着手制订一些措施吸引退休的老年人、外国游客来这些地方游玩。

相模铁路既然下定决心将线路延伸至东京，自然是希望在确保“进京”客流量的同时增加“下乡”的乘客，因此也应当将沿线站台打造得更有魅力，以助力地方建设。

首都圈已经开始关注“下乡”经济模式，这对于地方而言是一个从东京引流的好机会。

老年家庭的孤独与忧愁

笔者在公司上班时期曾经有一位年长的同事T，年纪比笔者大一轮，正好属于前面提到的“团块世代”。

T从公司退休之后过着所谓“每天都是星期天”的日子。有一天笔者与T进餐，出于艳羡，刚坐下便连珠炮似的对他说：“老T，你这日子过得舒坦了。每天都在干吗呢？高尔夫球打了个够吧？都去哪些国家旅游了？可得帮老婆分担点家务赎点罪喔。”

笔者正想听听他退休后的快乐生活，谁知话还没问完就被T打断了：“无聊死了。一开始的半年还好，这里走走，那里去去，想什么时候起床就什么时候起床，大白天也能喝酒。国外旅游也去了。但是半年之后就感觉没什么事情可干了。原本有很多想法，最后发现也没什么可干的。”

“那你既然有这么多时间，怎么不开始培养点其他爱好呢？”

“别提了。到这个年纪才开始去培养的爱好，都是老头子的爱好，我不喜欢。写诗什么的，真是不感兴趣。每天去旅游，也没那个钱。”

“那老T你每天都在干吗啊。”

“去健身房。因为每天真的是无聊得没办法。但是健身房的老太太圈子里有一套严格的规矩，我很难融进去。借了碟片回来学，又没有播放的设备，然后老是借同一张碟片。老了真是没记性了。”

曾经在公司里十分能干且很有人望的T似乎有些落寞。之前一直在公司里上班，与社区居民鲜有接触，如今即使想为社区做一些贡献，却发现并不容易。

“要么你干脆搬去小城市住，为那些地方做点有用的事情。老T你这样的人才，小城市肯定有用得着的地方。”

对于这个建议，T只是远远地看着笔者，回道：“嗯，不过，这个很难下决心。”

大城市里有许多像T这样的老年人，离开公司的圈子，忽然就失去了“容身之所”。这些人根本就没有做好心理准备，走过“退休”的大门之后，一下子就被贴上了“一个普通老头”的标签。

这些人当中一定有一部分可以在地方城乡舞台上发光发热的人才。地方城乡也想接纳他们，急迫地呼吁他们“搬来吧”“回老家来吧”，听起来像是限制人身自由般想要将他们彻底留下来。这样一来，他们反而会顾虑，像T一样难以下决心。

其实地方城乡在吸引人才时也需要一定的策略，就如同企业招聘人才一样。挖掘优秀的人才，提供包括住处在内的优越条件，给予足够的人力物力支持。如果给出这样明确的方案来吸引人才，像T这样才华横溢的人也许就会来到地方城乡做出一番新的贡献了。

比如，即使最初只签两年合同，如果T跟当地投缘，也许就会在当地一直居住下去了。在这种事情上，是无须过于急迫的。

地方城乡通过这样的“招聘”策略，将一度“进京”了的人才通过“下乡”火车又拉回了地方。

据说小地方非常缺乏人才。而大城市里人才过剩，许多人无用武之地。我们可以请这些人“下乡”。

以前日本的政治家们经常辞官归乡，叫作“下野”。“下野”是件好事，我们可以仿照“下野”，把退休后没有什么负担也没什么事情可做的人才从城市里挑选并吸引过来。

大厦内的商铺寿命只有两年

说到大城市的象征，可能很多人都会联想到高耸入云的摩天大楼。世人并没有给摩天大楼下过定义，不过东京市千代田区霞关地区的霞关大厦被认为是日本的第一栋摩天大楼。这栋大厦竣工于1968年4月，地上建筑36层，高度达到了147米。此前的日本建筑都是根据《建筑基准法》的规定，最高只能有31米，层数大约为9层。然而1961年《城市规划法》修订之后诞生了特定街区制度，在该制度下高度限制得到了放松，日本开始修建摩天大楼。

此后六本木之丘、东京中城等东京中心地区许许多多的摩天大楼相继拔地而起。

这股盖楼风潮不仅在东京，还刮到了其他大城市。2014年3月，在大阪的阿倍野区，一栋叫作阿倍野 Harukas（展望台）的60层摩天大楼开业时曾轰动一时，令人记忆犹新。该大楼内涵盖了办公楼层、商业设施、酒店和美术馆等，总高300米，号称日本第一高楼。

另外，名古屋车站附近，现在也修建了好几栋摩天大楼。2015年秋，在名古屋车站前面的名站路两侧，大名古屋大厦和名古屋 JP Tower（JP 塔）两栋摩天大楼相继竣工。摩天大楼之风席卷了各大城市。

之前的大楼基本上用于办公，然而最近竣工的摩天大楼大多是商业和酒店的综合体。大楼地下层和地面低层一般用来建设商业设施和美术馆，高层则修建以俯瞰城市为卖点的酒店。因为如果只修建办公楼，那么这里的客人就只有在办公楼里工作的公司职员和来访的人员，而如果修建成综合体，那么不只是这栋大楼，连周边地区都会被带动得热闹繁华起来。

最近只要有新的摩天大楼开业，来大楼低层的商业设施参观和购物的客人就会如潮水般涌来，这种热闹的光景在各栋摩天大楼都能看到。

笔者公司的办公室以前在东京的日本桥，当时三井房地产公司在那里相继建造了两栋叫作 KOREDO（东三井）室町的综合体建筑。这幢办公大楼的低层和地下层的设计充满了江户时代的情趣，日本桥的许多传统老店纷纷入驻，形成了一条条精美的商业街。全国各地的观光客纷至沓来，连日人声鼎沸、盛况非凡。

公司附近繁华热闹是件好事，但是对于我们这些在这里上班的公司职员来说，当外出后赶回自己的办公室，面对满地转悠的客人，还必须拨开人群才能挤回去，难免内心焦虑、苦不堪言。

现在的办公楼大都采用这样的方式聚集人气，但其商业设施也并非都能很好地运营，毕竟顾客是流动的。稍微考虑一下就能明白，办公楼所建之地本身就是办公地区。商业地区与办公地区的需求并非完全一致，两者很难达到共生共赢。

大手町在人们印象中并不是个购物的地方。虽然曾经也有过成功的开发案例，比如三菱房地产公司将丸之内仲大街改造成了首都圈屈指可数的精品商业街，但是对于多数办公圈的大楼而言，靠着脚下的商业设施来招揽客人还是相当艰难的。

与办公室的租户不同，商业设施的租户租借场地是为了做生意。如果生意不好，立马就会撤退。据说大部分摩天大楼里华丽开业轰动一时的商业店铺，有许多都是两年就关店了。也就是说两年后有相当多的店铺易主了。

开业初期涌入这些漂亮的时装店、专卖店、高级餐厅的客人，很多是带着游山玩水般的心态来体验的。他们与大楼的高层办公区没有任何关联，因此来这里也是一时兴起、一看而过，等到开业的观光高峰期过去，人潮也就消退了。最终能够存活下来的店铺只有日间给白领们果腹的拉面店、荞麦面店、咖喱饭店等最基本的店铺了。

即使在大城市，想要吸引顾客、长久地维持生意也是很难的。小地方的人们可能会认为，大城市里人多，无论做什么生意都会比较顺利。然而事实并非如此。商店如果不能持续地推陈出新、引人注目，它与顾客的蜜月期就不会很长。

现在的顾客眼界都很高，对于那些老一套的吸引客流的方式，即使一开始会上钩，很快也会厌倦离开、再不回头。这一点放之四海而皆准，即使在看上去人山人海的大城市亦是如此。

京漂族可有梦想？

在日本经济腾飞时期，原本住在小地方的年轻人通过升学、工作，涌入首都圈及其他大城市圈。他们就这样留在了大城市，结婚生子，年岁渐长。公司基本上都是终身雇佣制，工资随着年龄的增长和升迁而增加。孩子们也平安顺利地长大。这是战后日本形成的一种人生模式，“团块世代”可谓其典型代表。

当时房地产价格处于上升期，人们迷信土地神话，认为房地产会永远涨下去。在这种背景下许多白领纷纷在大城市圈的郊区购买住宅、供养全家。他们忍受着单程一小时以上、拥挤如地狱般的上班之路，将全部工资用来还房贷和教育子女。

当时的白领们都将公司的成长与个人的发展紧密联系在一起，这被认为是一种再正常不过的价值观。这种价值观推动着这些“企业斗士”们长年累月、不辞辛苦地努力工作。

在这样的父辈们的庇护下，“团块二代”们在大城市圈的郊区无忧无虑地成长起来了。然而当他们同样从学校毕业、进入公司上班的时候，这个世界的结构已经发生了很大的变化。

根据2012年日本总务省（相当于中国的国务院办公厅——译者注）发布的《就业形式基本调查》，在日本的就业者人数当中，非正式员工的数目突破了2000万人（2042万人），占比达到了全部员工数目的38.2%。这个数值比起20年前高了16.5个百分点。也就是说现在即使来到大城市，能获得一份正式工作的机会也变少了。

20世纪60年代初日本著名喜剧表演艺术家植木等先生曾经唱过一句歌词“白领真是个舒服的行当”。在终身雇佣制的前提下，植木先生滑稽演绎了一个“不负责任的男人”，表现了一个白领敷衍行事也能过得去的时代。

然而到了现在这个时代，连一部分上市大公司都面临着生存危机。索尼、东芝等曾是每个人在求职时期最向往的公司，现在也由于严峻的业绩形势，再也无法保证终身雇用了。

越来越多的产业或者说企业，采用非正式员工为主的方式，实质上是为了降低人力成本，而白领们也因此越来越难以端稳手中的饭碗了。

原本年轻人来到大城市的一个很大原因就是地方小城市工作机会少。小城市从前主要提供一些基建工程等方面的工作，在很长时期保证了一定量的录用。后来由于基建工程大幅削减，岗位需求急剧减少，且新建的养老设施由于养老事业本身利润比较低，从业人员基本上只能依赖招临时工。在这种背景下年轻人想求得一份稳定的职业，只能去大城市。

然而现在这个时代，去东京也不再意味着能找到一份正式工作了。年轻人背井离乡来到东京，却要和其他同样漂泊来京的人们竞争一个岗位。在这个连父母一代已经成功扎根在大城市圈的“团块二代”也很难找到一个正式工作的年代，对于新来的“京漂族”而言，东京未必是他们可以安身立命的新天地了。

在日本经济高速增长期，从小地方来到东京的年轻人是何等地欢欣雀跃，如今这些不辞辛苦来到东京的年轻人却不可能再体会得到了。失去了稳定的就业环境，何谈踏上人生的新舞台。

找一份临时工的工作意味着收入比起正式员工要低很多，而且几乎没有社会保障，随时可能被解雇。在生活成本极高的东京，这些年轻人大多婚也结不起，不知道希望在何方。

临时工能学习到的职业技能也是有限的。如果仅仅依靠这点有限的技能，这些年轻人在今后随着年岁的增长将面临很大的风险。

昔日的荣光逐渐消逝，东京已不再是能实现人生梦想的舞台。

一无所有的东京城

2020年东京将举办奥运会。这是自1964年以来，时隔56年东京再次举办夏季奥运会。2013年9月在南美的阿根廷首都布宜诺斯艾利斯召开的国际奥林匹克委员会会议上，2020年奥运会举办权花落东京。这对于东日本大地震后一直被笼罩在愁云惨雾中的日本国民而言，仿佛是一道预示着光明未来的喜讯。

第一次承接奥运会的1964年，正值日本战后经济复苏，开始进入经济高速增长期。彼时日本民众虽然物质上贫穷，但是奥运会的召开使人们对未来充满期待，希望被国际社会认可，希望与世界为伍，紧张不安之中燃烧着坚定的希望之火。

56年之后，日本、东京又将以怎样的姿态展现在世人眼中呢？初次举办奥运会时的东京如同一个充满活力的青年人，眼睛闪烁着希望的光芒，而如今的东京，在外国人看来，是一个成熟的中年人，抑或是上了年纪带着稍许疲惫感的老年人吧。

东京即将迎来真正的老龄化社会。根据人口统计数据，2015年9月东京65岁以上的老年人口为296.6万人，老年人口占总人口的比例，即老龄化率为22.9%。

今后老龄化进程仍会继续，预计到举办奥运会的2020年老年人口将达到324万人，老龄化率将达到24%。

另一方面总人口大约在2020年达到顶峰之后将开始走下坡路。也就是说东京奥运会召开的2020年，在东京的历史时间轴上很有可能成为一个转折点。

2020年之后的东京，老年人口将加速增长，医疗机构、养老设施将面临巨大缺口。而市区内居住的人越来越多，也导致部分区域的托儿所现在就已经面临不足。

从幼儿到老人，在东京的生活都越来越不方便。今后的东京仍然会是大家心中憧憬的城市吗？我们对此存疑。

这个时代，即使大公司也无法保证一份长期稳定的工作，临时工的收入又不可靠。且东京的生活成本极高，既无托儿所又缺养老设施，一旦生病还要跟医院里爆满的老年人争床位。2020年的东京果真出现如此状况的话，大家还有背井离乡跑去东京生活的理由吗？

事实上，人们心中的东京梦只是海市蜃楼一样的东西。当你追梦而来，却发现东京什么都没有，对于追寻这个虚无缥缈的东京梦，迟早会有越来越多的人感到疲劳、觉得受伤，不再认为“东京就是一切”。东京梦幻灭的时间也许来得会比想象中的还要早，也许就在东京奥运会结束的时候。

曾经热闹的湖畔如今游客寥寥

第二章 潜伏在自然美景、世界遗产中的陷阱

仅仅依靠自然景色，卖点太单薄？

日本四季分明，自然风景得天独厚。春日樱花绚烂，夏有骄阳如火也有骤雨初歇，秋夜月上柳梢头，冬可踏雪而行。如此，日本各个季节有不同的风情，大自然创造出丰富的景色，滋养了我们的眼睛，慰藉了我们的心灵。

日本列岛北至北海道、南至冲绳，南北绵延3000公里，这种狭长的地形在世界各国中也属独特。这种地形也造就了多样的景观，让我们得以感受四季的变迁。

即使同在亚洲地区，也很难有哪一个国家的人民能像日本人这样充分享受大自然的万千乐趣。比如中国虽然国土辽阔，但是许多人的生活都无缘高山大海。我们打开地图可以看到中国有众多的山脉，也有临海的地方，然而这个国家的地域实在是太广阔了，大部分人住在远离山海的广袤的平原上。

我有时会因为出差等原因去中国，在一望无际的单调的平原上，看不到任何景色的变化，无聊乏味得直让人想睡觉。能像日本这样四季分明的地区也是少数，大部分地区的人要么一生都无缘在雪中嬉戏，要么从来没有见过大海。

如今日本各地也意识到了将富饶的自然景观作为重要的观光资源来吸引国内游客，甚至是外国游客。

近年访日外国游客人数剧增，2015年达到了1974万人，可谓盛况空前。日本各个地方都在使出浑身解数来宣传当地自然风光的魅力，不只是面向本国游客，更面向众多的外国游客。

笔者自身曾经在几个地方城乡参与过协助当地振兴的工作，并由当地人带去各个景点考察。这些景点大部分都非常优质，是值得当地引以为豪的宝贵的自然资源。笔者也感受到了当地人想通过这份资源招揽游客的迫切愿望。

然而笔者也发现了一个现象，许多有着壮阔风光、让人一见钟情、惊叹不已的景点，却未必能成功地吸引客人。

或者即使有游客来了，也只是看一眼就走了，当地几乎拿不到什么旅游收入，相关人员也很苦恼。个中原因何在？

再美的景色，五分钟也能看腻

笔者曾经在一个山间景点调研。

景点的背后是连绵不断的雄伟山脉，前面有一个小湖。这是个非常小巧的人工湖，沿湖畔走一圈只要20分钟，然而从湖边看到的景色，春夏秋冬各有不同，令游客们赏心悦目。特别是秋日山间金黄色的白桦林，倚着背后身披冰雪的群山倒映在湖中的姿影，美得让人感动。

湖边有一个铺着沥青的可以停几辆车的小停车场和几家卖快餐饮料、土特产品的小店。这里的交通几乎只能依靠私家车自驾，来这里的客人也只能吃点拉面、咖喱饭、冰激凌，而所谓的土特产品也只是些随处可见的、普通得不能再普通的面包、饼干之类，它们乱哄哄地堆在那里，连是否还在保质期内都让人怀疑。

跟当地人聊天，对方说现在的年轻人不怎么开车了，所以也就没人来这里了。确实，在过去大家都将私家车作为约会工具的时代，年轻人为了讨女朋友的欢心，会大老远载着女朋友来这里兜风，在壮丽的景色前咔擦咔擦地拍照留念，这是那个时代最常见的旅游模式。

那么现在真的没有客人来了吗？

我们特意在湖畔多站了一会儿。结果不知是否是因为当天天气特别好、适合出游，尽管是工作日，还是有车子零零星星地开进了停车场。当然，确实不像以前那样都是年轻情侣开车来约会，但是这其中却出现了租着车子来观光的外国男女。

他们在湖畔一下车就被这漂亮的风光惊艳了，情不自禁地欢呼赞叹。这个画面与往昔的年轻人来旅游时的景象别无二致。然后很快，两个人从口袋里拿出智能手机，如同摄影师般一顿猛按快门，紧接着又对杵在一旁无所事事的笔者这个老头子说：“不好意思，能麻烦你帮我们拍张照片吗？”最后两个人对着手机摆出了阳光灿烂的笑容后，马上就返回车中扬长而去了。

这个时长一共只有五分钟。他们几乎连这里清新甘甜的空气都没有深呼吸一口，就像个着急赶场的摄影师，两三下就将这壮阔的自然风景塞进相机里离开了。

天鹅船时代已经结束

这就可怜了那些快餐饮料店、土特产店的老板们，他们的视线眼巴巴地追随着游客转动，然而游客根本就无视他们的存在，连对景色的态度都是如此仓促，自然也没有一分钱给这里留下。

看着车子远去的背影，土特产店的老板开始抱怨："瞧瞧，现在的年轻人真是的，一点东西都不买。大概也没钱吧。这世道，经济形势不好吧。"

笔者一边听着这些絮叨话，一边看着绑在湖边的老旧的天鹅船。过去不管是情侣们，还是一家子，只要来到湖边必定会划船玩。对于情侣来说，乘坐天鹅船是个很浪漫的约会项目，而对于有小孩子的家庭，孩子们最期待和父母一起划船玩了。如今这些天鹅船作为时代的遗物残留在湖边。

对于旅游而言，无论这里的风光有多好，景点多么美轮美奂、引人注目，最多只能看五分钟。金黄的白桦林与在湖面的倒影构成了一幅绝佳的风景，然而即使有如此美景当前，如果让人在那里一动不动地看五分钟，许多人居然连三分钟不到就觉得看够了。

笔者有一个朋友，老家在新潟县一个很有名的滑雪度假村。之前有部叫作《带我去滑雪吧》的电影走红的时候，朋友对我说："城里人可真奇怪，特意花钱跑到这种乡下地方来。雪对于我们来说只是个大麻烦。滑雪有什么好玩的？真是搞不懂。"

确实，雪对他而言，别说看五分钟了，连喜欢和玩要的想法都没有。

以前大家乘坐天鹅船的时候，需要在当地至少待二三十分钟。而人一旦待下来，总会觉得口渴要买清凉饮料喝，也会觉得肚子饿要买咖喱饭来果腹，回去的时候又想起要给留在家里的奶奶买点特产作为礼物。

然而现在的游客就不同了。客人的喜好、兴趣在发生变化，当地的经营者们却没有跟上步伐。他们还在用过去的方法垂钓，鱼儿们却已经对这些鱼食视而不见了。

过去的客人都是慕名而来，对于当地人看腻了的风景，客人们却觉得十分心动，并且在这里吃饭、买纪念品。如今这种躺着赚钱的时代早就过去了。再怎么抱怨"现在的鱼儿怎么不吃食了"也没有用，应该考虑一下自己怎么做才能抓到那些改变了喜好的鱼儿。加之最近还出现了许多"外来的鱼儿"，所以我们应该再多思考一下"外来鱼"喜欢的食物。

小地方必须尽快摆脱这种"不思考"的状态，寻找新的钓竿和美味的鱼饵。

互联网让大自然失去了魅力

很久以前，学生们都喜欢背着背包去旅游。20世纪60年代后期到70年代左右，被称作“螃蟹族”的学生去北海道的腹地或是最边远的地方旅游是那个时代非常流行的事情。当时背包中最有代表性的是一种登山包，它的体积非常宽大，学生们背着它就像螃蟹一样，所以人们把这些背着登山包旅游的年轻人叫作“螃蟹族”。

到80年代，年轻人当中又流行以网球集训等体育训练为目的的旅游模式。再之后去海外旅游的女大学生们的身影开始多了起来。旅游模式随着时代的变迁而不断发展。

然而到现在，年轻人却不怎么关心旅游了。以前的年轻人拼命打工赚钱去旅游，现在的年轻人把赚的钱都用于买智能手机和玩游戏了。

旅行的魅力，在于欣赏自然景色，在于感知历史文化，在于品尝当地独有的美食，在于和人相遇等。事实上现在不用特意去往当地，也可以通过互联网，身临其境般地实现这其中的大部分。

比如这些美丽的景色，即使不去现场，也可以通过手机和电脑的画面，欣赏到许多绝佳的照片和视频。历史文化方面亦然，只要在互联网上一搜索，文物古迹的照片以及历史背景、文化价值等便无所不知了。

在虚拟和现实的差异中迷失了的景点

互联网的发展给现代社会带来了翻天覆地的变化。原本在旅行途中能带来极大乐趣的“美食”和“特产”，现在通过网络搜索地址，就能在东京市内的各个县市的特产馆或者餐厅买到吃到，应有尽有。即使足不出户，也可以在亚马逊或者乐天下单，第二天就能收到这些来自全国各地的山珍海味。

我们甚至可以使用谷歌街景地图进入世界上的一些主要的美术馆和博物馆。即使不去现场，也能通过画面欣赏到世界上的名画和文物。

换个角度来看，旅游可以说是对金钱和时间的浪费。自古以来年轻人就有一些犯懒、怕麻烦的脾性，现在倒不是因为这种脾性不去旅游了，而是因为在这个时代，通过网络就可以轻轻松松得到所有东西，获得一种模拟的旅游体验。

网络的普及，曾经在给要去一个新地方旅游的游客们提供该地区相关信息方面起到过重要作用。之前的旅游基本上依赖旅行社提供全包服务，而网络的普及使得个人也可以获取当地的信息，能够自由地预约酒店和交通工具，极大地丰富了旅游模式。

然而网络的出现也导致人们即使不出门旅游，同样可以了解景点，甚至被那些景观所感动。旅游的魅力在网络上似乎完全被揭开了。网络降低了人们旅游的欲望。

网络的恐怖之处就在于会使人们觉得那些景点已经看过了，

已经了解了，没必要特意花重金去现场了。

从前游客们去往一个新地方，会惊喜地看到一些从未见过的、美丽的自然景色，品尝到只有在当地才能吃到的美食，再购买一些珍奇的特产回去。当地也因此获得旅游收入。如今游客们不再前来，不再为这锦绣河山与奇珍异宝所感动，这令当地十分苦恼。

其实旅行原本的乐趣，在去往目的地的火车上，在“水光潋滟晴方好，山色空蒙雨亦奇”的天气变化中，在人与人的对话交谈里，在景点的各种偶遇中。这是在网络上绝对无法体验到的。

网络所提供的充其量也只是一种模拟体验。然而这种虚拟与现实的差异，连景点自身都不曾明确地传递给游客们。过去的成功经验拖慢了景点的步伐，它们不知道未来该如何给自己定位。

传播信息的关键仍在于网络

那么究竟怎样才能击败网络上的虚拟现实，将客人吸引而来呢？

答案似乎仍然在于人们所痴迷的网络之中。

网络的魅力在于每个人都可以作为“主人公”去解决问题。

比如对于自己不懂的事情或者感兴趣的事情，通过网络搜索很容易就能了解到。

此前对于大多数人而言，获得信息最方便的工具就是电视、报纸、杂志等。然而这些媒体传递信息的方式是单向传递。人们为媒体所操纵，媒体说什么就是什么，流行的事物都是媒体制造出来的。

网络之所以能够深得人心就是因为它的信息流动是双向的。通过网络，人们不再仅仅依赖媒体单方面传来的信息，而是主动去获取信息。网络为人们获取信息节省了很多精力，并且可以使人们接触到足够多的自己感兴趣的信息。

能够自由地接触许多信息，也就意味着信息的接受方可以对信息进行取舍，做出合乎自己心意的选择。

以前有些信息需要去国会图书馆才能查询得到，而现在通过网络就可以获取相当专业的信息了。如果只是提供点皮毛东西，网络也不至于能如此笼络人心了。

网络所带来的改变，不只是海量的信息和这些信息的可得性，还有信息的可加工性。

人们从大量的信息中筛选出自己需要的信息，并将其组合在一起。对信息进行组合加工的正是人们自己。

总之，过去那种先欣赏景色，接下来乘坐天鹅船，然后吃咖喱饭，最后买纪念品回家的老套的旅游模式，不会再有市场了。

守株待兔，等不来客人

如今在市区的通勤电车上，人们已经不再看报纸杂志等纸媒了，而是拿着手机上网，或者玩游戏，沉迷于自己作为“主人公”的娱乐空间。他人单方面给予的快乐或者体验不足以让人满足，只有自己亲力亲为获得的快乐才让人痴迷。

笔者在地方上调研景点的时候听得最多的话就是“客人不像以前那么多了”的牢骚话。

将这个原因归结于日本的“人口减少及老龄化”是很容易的。然而无论如何，大家需要正视的事实就是，过去那个人口不断增加，年轻人或者一家子通过电视、收音机、报纸杂志得到旅游景点的信息，然后欢天喜地来游玩的时代已经过去了。

现在这个时代，如果仍然只依赖大城市里的媒体来发布信息，那这些信息只会淹没于大量的信息之中。唯东京等大城市至上的观念在这个时代已经无法解决问题了。

守株待兔肯定是不行的。

小地方应当做的就是寻求自己发布信息的途径，将信息直接传达给目标客户群，用他们喜欢的故事诱其自发地、高高兴兴地前来。地方城乡必须在立足本土的基础上设法吸引客人。

网络是个不错的切入点，任何人都可以不费多少钱发布大量信息。当然，即使单方面发布再多的信息，选择浏览哪些信息的权利仍然掌握在客人手中。如果信息的风格不受客人喜爱，也发挥不了作用。

我们要像公司一样，建立一个营销策略，弄清楚自己要卖什么产品，以及如何将其营销出去。

因此也必须尽力研究清楚，自己希望吸引来的客人是谁，这些客人的需求是什么。事实上许多地方城乡在这种基础环节所下的功夫还不够。

在这方面成功了的地方城乡，都是对顾客进行了细致的市场调查，筛选出目标人群，展开营销。

丰臣秀吉有句名言："杜鹃不啼，诱其啼。"

地方城乡需要学会丰臣式的"诱啼"术，以构建营销战略。

世界遗产为什么不受欢迎

2015年7月，"明治日本的产业革命遗产——炼铁、炼钢、造船、煤炭产业"，被列入了世界文化遗产名录。日本在明治时期前后，大约自1850年代至1910年间，炼铁、炼钢、造船、煤炭等产业得到了迅猛的发展，留下了一批西方技术与传统文化融合在一起的历史文化建筑群。

这些建筑群包含23处建筑，分布于山口、福冈、佐贺、长崎、熊本、鹿儿岛、岩手、静冈等8个县。至此，日本共计坐拥19处世界遗产，成为世界遗产大国（2016年7月国立西洋美术馆申遗成功，世界遗产数目达到20个）。

世界遗产是指基于1972年联合国教科文组织通过的《保护世界文化遗产和自然遗产公约》，经联合国教科文组织审核批准被录入世界遗产名录的文化和自然遗产。截至2015年，有163个国家的1031处遗产被列为世界遗产。

许多地方政府都希望通过世界遗产的认定带动当地旅游业发展。现在仍有许多地方正在致力于申报世界遗产，如神奈川县的镰仓、滋贺县的彦根城、长崎的教堂群及基督教相关遗产等。要想吸引全世界的游客来旅游，世界遗产的名头是最响亮的。这个手段没有不用的道理。

然而我们调查了国内那些已经被列为世界遗产的景点，发现很少有因为成为世界遗产而在旅游方面大获成功的。

石见银山与平泉的失败教训

位于岛根县大田市的石见银山于2007年被列入世界遗产名录。这里自日本战国时代至江户时代初期持续大量产银，作为日本最大的银矿山而闻名于世。明治时期政府曾将银山下放给民间经营，其后由于地震而休山，矿井通道也被水淹没，银山事实上已处于封山状态。

在被列为世界遗产之后，当地曾以此为契机将银山作为宝贵的观光资源积极宣传，对其抱有极大的期待。事实上在刚申遗成功之时，游客人数曾一度暴涨。2008年达到了81.32万人，约是申遗前（2006年）的2倍。

图3　石见银山游客数目变化

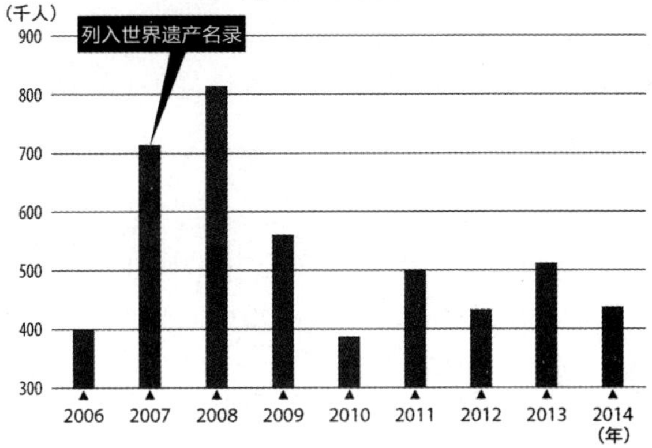

来源：岛根县旅游动态调查

然而这场“银山热”很快就降温了。2009年的游客人数降至59万人，2010年更是只有38万人，与申遗成功前（2006年）的39万人相差不多，可以说是一夜回到解放前了。

石见银山的交通很不方便，而且因为地处山区，没有什么像样的旅馆和其他基础设施，所以它作为旅游景点的发展并未如当地所愿。

那么我们再来看看2011年申遗成功的岩手县平泉町的情况。平安时代后期奥州藤原氏在平泉建立政权，留下了依据净土思想建造的平泉文化景观。在2007年石见银山申遗成功之后，2008年日本政府极力推动平泉申遗，希望好事成双。

石见银山尽管在申遗前年接到过联合国教科文组织“暂缓录入”的劝告，仍然在当年成功申遗。然而同样接到“暂缓录入”劝告的平泉，浪费了政府的一番努力，在当年申遗失败。媒体一度对平泉申遗失败冷嘲热讽。

2011年东日本大地震发生，在灾难尚未平息之时，平泉终于申遗成功，作为受灾地区一颗冉冉升起的希望之星，被人们寄予厚望。

申遗成功的效果立竿见影，次年，即2012年，来访平泉的游客数目达到了258.8万人，比申遗前（2010年）增长了四成。

图4 平泉町游客数目变化

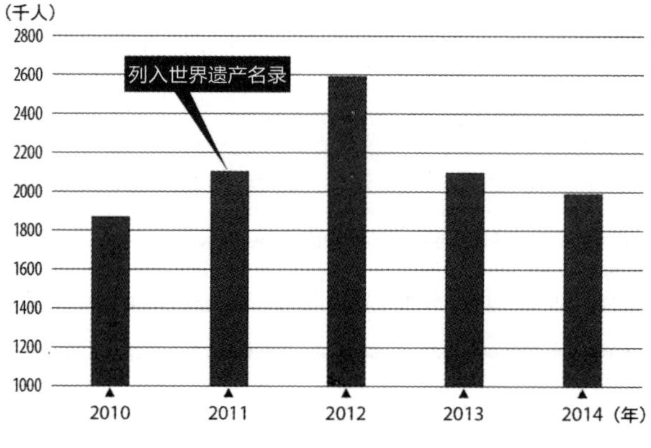

来源：岩手县旅游统计概要

平泉町与石见银山不同，它位于日本东北地区第一大河流北上川的中游位置，附近有 JR 铁路的平泉站和东北新干线的水沢江刺站，而且原本就具备接待游客的酒店等设施。

然而即便如此，在申遗成功的次年即2012年的游客高峰过后，来平泉的游客也开始慢慢减少。2014年不到200万人，最终也基本上回归到了申遗前的水平。

列为世界遗产的目的与旅游并无直接关联

将“世界遗产”的招牌挂在门口，招揽客人的效果却只有一两年。游客喜新厌旧的速度如此之快，令许多地方感到非常困惑。这里头究竟有什么原因?

世界遗产在日本也有一批粉丝。一旦有新的世界遗产公布，这些人就会迅速涌去观看。景点自然也很欢迎这些客人。然而这些人当中的大部分可以说像集邮家一样，他们的兴趣在于集齐各个景点到此一游的印章。我们不太可能期待这样的人会再次来旅游。

即使是世界遗产，如果仅仅宣传其文化上的价值，那么作为旅游的要素还是不够充分的，因为现在的游客已经不再满足于只是被动地站在那里欣赏景色了。

他们倾向于可以自己成为掌舵人、自己去探索的旅游模式。景点仅有文化价值是不够的，还要有一些能让游客们体验到发现和感动等情感的附加要素。

当然，我们不应忘记世界遗产原本并不是为了吸引游客而设置的。世界遗产的目的是为了保护遗产，因此它们未必也刚好迎合游客们的口味和喜好。

然而似乎有许多地方对申报世界遗产来发展旅游抱有过高的期待，认为只要申报成功就会有大量游客到访，带来大笔旅游收入。

费尽心力申报成功的世界遗产，要将其用于旅游，就一定要重视包装与营销策略，所谓的“你若盛开，蝴蝶自来”也只有在申遗成功之后的那一小段时间。我们既要对遗产的背景、历史、文化进行包装，也要对这个景点所在地区进行包装，让客人对来这里旅游感到兴奋和期待，在这里旅游觉得快乐。

笔者有个朋友去某个世界遗产旅游归来后说:“人是很多，但是都不知道去干吗的。街上也很无聊，什么都没有。反正我是不会再去了。”

他的这番话也让我们看到了世界遗产作为旅游景点开发的艰难。

工欲善其事，必先利其器

让我们把话题转回之前那个山间景点。

这个景点到底该用什么样的钓竿、方法、鱼饵才能钓到游客这条“鱼”呢？

首先钓竿是必备要素。景点的钓竿就是指景点本身所拥有的资源。如果这个景点的资源原本就不是游客喜欢的那种，那么无论做什么样的广告宣传都无法招揽客人。钓鱼也是同样的道理。很多不钓鱼的人以为任何钓竿都能钓到鱼，天下哪有这样的好事。

鲷鱼有鲷鱼专用钓竿，鲇鱼有鲇鱼专用钓竿。就像打高尔夫球的人会因为难易程度等更换俱乐部，钓竿也会根据鱼的品种来选择。

每个景点的钓竿，即观光资源，是不同的。外来品种一多，鱼的性格也会发生很大变化，但是只要在根本上还属于鱼的种类，那么钓竿的大体形状还是一样的。也就是说吸引客人的总归还是这壮阔大自然所创造的美丽景色。如果在这个自然景观里新建一个风格完全不同的设施，比如电玩城，那就要彻底更换渔具了。

其次是方法。此前的钓法是使用天鹅船。彼时来到这个湖边的情侣或者一家子，都会很乐意乘坐天鹅船。然而这个方法现在已经完全失灵了。这种不入流的方法，现在只会沦为鱼儿们的笑柄，完全没有鱼儿上钩了。

因此我们的提议是，沿着湖的四周修一条木栈道。现在的游客可称之为“打卡”族，年轻人从小就是玩盖章拉力赛长大的，中老年人也是曾经酷爱定向越野赛的一代人，他们对这种设计好的线路没有什么抵抗力。

沿湖一周大约有1500米。走一圈大概需要20分钟。为了引导游客走上木栈道，我们颇费了一番心思，决定沿着木栈道设置一些可以拍摄美景的摄影点。

摄影点一共有十二三处，我们在各处设置说明牌，告诉游客如何从各个角度拍摄照片。木栈道的设计也下了一番功夫，在各处按顺序标上号码。

人有一种服从于序号的倾向。一旦在第一个点拍了照片，就一定要走完整个行程。他们会满心期待下一个点的新发现。

给自然景观加点“料”

如此，让游客们沿湖走一圈的设计就完成了。途中游客们会老老实实地停留下来拍照，所以沿湖走一圈需要30分钟。

走30分钟一般都会出汗，一出汗就会口渴，一口渴就要喝水，喝着喝着水，肚子也觉得饿了。

虽说现在的游客与过去的游客有了很大的变化，但不至于到了渴了不喝水、饿了不吃饭的地步。只不过现在使他们口渴、饥饿的方法即景点里的设计要有所不同了。现在这个时代，就别再想用过去的套路来钓鱼了。

那么最后对于被这样的设计吸引过来了的鱼儿们，要准备什么样的鱼饵呢？以前的鱼饵——拉面和咖喱饭，现在这些挑剔的鱼儿们根本就看不上了。

对于口渴的客人，不是像以前一样只提供果汁和可乐等甜得发腻的饮料（当然现在仍然有许多人喜欢果汁和可乐），还可以提供当地有名的矿泉水、给开车的人提供无酒精啤酒，还可以准备一些当地采摘的甘甜多汁的水果。

主食也可以从之前的拉面和咖喱饭换成用当地新鲜好吃的蔬菜和当地产的肉、鱼等制作而成的料理。当然最后别忘记准备一些用当地产的水果、鸡蛋和牛奶制作的好吃的甜品。

高山蔬菜做的沙拉和当地产的火腿香肠自然非常美味，客人们惊艳之余，返程时一般会兴高采烈地买一些带回去。

这样的提议有多少能被采纳实施，是景点今后生存的关键。

令人遗憾的是，日本许多地方的景点现今仍然在握着过去的钓竿，用老套的方法和过期的鱼饵，守株待兔般地等着那些永远不会再上钩的鱼儿。

要钓鱼就要勤保养渔具、尝试新的方法、使用新鲜的鱼饵。浑浑噩噩、不思进取的人其实不适合钓鱼。

通过网络已经“去过”景点的游客

笔者在各个地方调研时发现的另一个现象就是，每个地方对当地的特产都有一种固执的自信。

敝帚自珍，对人生存下去而言是十分重要的情感安慰。但是这份情感，并不能引起他人的共鸣，甚至有种强迫他人接受的感觉，无法吸引对方为之买单。

古语云“盛名之下其实难副”。地方特产一般是指当地自古流传下来的传统食物或者点心等，然而这些东西往往谈不上有多美味。

过去材料有限，人们都是将一些当地采摘的东西想方设法加工一下，使之变得稍微好吃一些。这些食材和点心，对于离开当地，移居至东京、大阪等地方的人们而言，是难得的故乡的味道。

然而这种“难得的味道”，对于从其他地方来的客人而言，并不一定是“好吃的味道”，不会多次购买。

即使是地方特产，最好也要做一些改变，使之成为现代人喜爱的味道。或者说在使用当地食材的基础上进行改良，使之能够迎合现代人的味蕾。自说自话地认为“这个应该很好吃”是不行的，要考虑怎样才能让客人觉得好吃。这是我们一直提倡的改变钓法、改良鱼饵的“钓鱼法”。

现在的客人都已经在网络上浏览过景点的景色了，当地再怎么呼吁他们来看美景，他们也不为所动了。要把这些埋头于网络世界的客人拉过来旅游，必须要创造一个值得他们前来一看的理由。

酒香也怕巷子深

笔者曾经参观过某个地方的公路服务区。

公路服务区一般沿主要国道而建，现在全国大约有1000个以上。服务区售卖当地的蔬菜、水果或者水产品等，已经成了人民群众非常熟悉的设施。

不过服务区在经营方面也面临优胜劣汰，每个服务区都需要增强对顾客的吸引力。

笔者参观的服务区，离国道稍微有点距离，想要将过往的车子吸引过来有点困难。不过经营者非常努力，在服务区里又建了个酸奶厂，希望能请客人们来品尝当地美味的奶制品。在服务区内的工厂喝现场制作的新鲜酸奶，是个崭新的尝试。

透过工厂的玻璃窗户还可以看到实际制作过程。这个设计的出发点很好，但是考虑得仍有不周之处。天气好的时候窗户玻璃反光，工厂里面的情形看不清楚。而雨天也不方便打着伞站在外面看。制作过程的解说展示也十分敷衍，整体来说给人一种小偷进到别人家窥探的感觉，而很难有目睹酸奶制作的现场感。

当然，酸奶制作有严格的卫生管理规范，也不可能随便让人进入工厂里面闲逛。

但是既然宣称是个可以参观的工厂，那么最好在工厂里面设置一条封闭的通道，或者在最高处设置俯瞰点，修一条环形走廊之类的，方便客人从各个角度参观工厂内部。另外，如果在出口设一个可以品尝刚做出来的酸奶的吧台，应该会很受客人欢迎。

酸奶厂的主意很不错，但仍然停留在只会标榜自己、试图强行招揽客人的阶段，并没有思考如何向客人展示自己，令人惋惜。

商业社会确实会存在这样的问题，有些公司对自己售卖的东西、自己珍视的东西过于自信，认定客人一定会来看、东西一定能卖出去。

搞技术的人也经常如此，对自身的技术能力过于自负，对产品过于自信，怎么也想不明白为什么自己的产品卖不出去。产品方觉得客人“应该会这样认为”“应该会喜欢、感动”，而从顾客的角度却觉得产品方完全是自我陶醉，这个产品实际用起来很不方便，全是些多余没用的功能。这样的例子不胜枚举。

如果一味地按照自己的思路行事，那么无论做了多么精美的设计，“鱼儿们”也未必上钩。

安昙野・大王山葵农场的水车

第三章

平凡的风景竟是地方城乡的摇钱树？

富士快线“下吉田”站的奇迹

对于日本人而言非常平凡的东西，在外国人眼中却成了很特别的事物。这样的景色和事物有很多。

山梨县的县内火车富士快线大月线上有一站叫作下吉田站。这个火车站，没有快车停靠，一个小时内只有一两辆慢车经停。如此乡野的车站，现在却由于许多泰国游客的涌来而变得十分热闹。

下吉田站周边有一个叫作新仓山的景点，因为长满鸢尾花而知名。不过特意为此而来的游客也不多，沿车站而建的商业街也因为当地居民的老龄化等原因差不多关闭了。

然而这个地方最近却忽然涌来了许多泰国游客。他们的目的地是从车站步行过去大约20分钟能到的新仓山浅间公园。这个公园可以很好地眺望富士山，而且是赏樱花的好地方，在富士吉田市当地作为赏樱胜地而小有名气。不过近年来这个公园却因为泰国游客的纷至沓来而备受瞩目。

进公园要走400级台阶。走上去后就可以看见雄伟的富士山了，还可以看到眼前一座高约20米、外观涂成鲜红色名叫忠灵塔的五重塔。五重塔一般以历史悠久的建筑居多，然而这座忠灵塔修于1963年，由钢筋混凝土建成，说实在的并没有多少历史价值。

而且对于日本人而言五重塔在国内随处可见，这种战后才修建的钢筋混凝土建筑，实在是平庸得不能再平庸了。

可是有一天一对泰国情侣来日本旅游，偶然到访这个地方，以五重塔和富士山为背景拍了秀恩爱的照片传到社交网站上，却引发了如潮的好评，在泰国广为传播。泰国人都惊呼“这才是日本”。

因此泰国游客来日本游玩必到下吉田，这个事情让日本人简直目瞪口呆。

仔细一想，这个地方确实很罕见地一次性集齐了富士山、樱花、神社佛阁等能够代表日本的三大观光要素。

现在这里成了泰国游客眼中的日本最美景点。泰国游客来了一波又一波，神社内挂的许愿用的绘马，大部分都是用泰语写的，日本人对这种情况都已经看不懂了。

对于这个巨大的变化，富士快线公司十分惊讶，最近在车站内安排了泰语翻译来给游客们做向导。而当地的居民对于这些突然出现的大量游客也是非常惊奇。

那么对于当地来说接下来的课题就是，如何将这样一个由来访的外国游客意外带火的网红景点打造成一个真正意义上的旅游名胜。令人遗憾的是，现在这个车站周边连个像样的宾馆都找不到，商业街的卷帘门也依旧垂着。

这个景点只在泰国游客当中受欢迎吗？中国人也会喜欢这里的景色吗？通过这个案例日本人已经得到了一些启示，今后在给新的旅游景点做宣传时应当联系这个现象加以深思。

同样在千叶县的香取市佐原地区，也出现了大量的泰国游客。2013年12月泰国上映的一部非常有人气的喜剧电影*Fud Jung To*[①]取景于此，所以访问该地的游客急剧增加。

不只是佐原，最近亚洲制作的电影和电视剧在日本取景的越来越多了。这些电影和电视剧如果爆红，就会有观众去探访取景地，追寻主人公和剧情的痕迹。这种现象以前就一直存在。比如让人记忆犹新的有之前的韩国人气电视剧《冬日恋歌》，男主角裴勇俊在日本收获了大批女性粉丝，她们纷纷参加韩国旅游团去电视剧的取景地旅游。

然而仅仅追求这种一时性的热潮，很难成为景点的长久之计。

作为日本人的确很难找出那种在日本人看来极为普通，但却能一把抓住偶然经过的外国人的心、让他们感动的景色。

旅行的一大乐趣在于遇到未知的感动、拥有全新的体验。外国游客来日本旅游所期待的东西，也不一定是凭我们日本人的感觉可以推测得知的。因此对于我们来说最重要的就是，提前做好准备去影响外国游客对日本的印象，同时给身边平凡的景色以及那些人气电影和电视剧的取景地做一些前瞻性的建设。

---

① 音译。

从高山市的举措中学习如何打造旅游城市

现在的岐阜县高山市是在2005年由周边的9个乡镇合并而成的日本面积最大的市。2015年的人口约为9万人。在这个旅游城市里有作为国家指定的“重要传统建筑群保存地区”的古老的街道风貌和著名的优质温泉——奥飞弹温泉乡，以及被列为世界遗产的白川乡合掌村。

事实上高山市在迎来大量访日外国游客之前，早就做了一系列策划，以积极吸引外国游客。

早在1989年高山市就推进跨市合作，成立了“松本·高山·金泽国际旅游线路整合推进协会”。这个协会主要面向欧美人士展开宣传，让他们了解日本除了东京、京都、大阪等黄金线路之外，还有这样一条可以感受日本历史文化魅力的线路。

就如同“东京·京都·大阪”构成了一条旅游线路一样，高山市没有仅凭一己之力，而是联合松本、金泽一起以更广阔的区域为背景发散全新的魅力。

幸运的是，这些城市拥有众多的神社和寺庙，春秋两季还有高山祭等传统节日庆典。三个城市将这些观光要素整合在一起，面向对日本历史文化感兴趣的外国人展开了宣传活动。

这些宣传活动成功地引起了那些远远不满足于“东京·京都·大阪”线路的日本爱好者尤其是欧美人士的注意。现在这条线路已经作为国土交通部认定的日本七条跨区域旅游线路之一“升龙道”而常规化了（第四章详述）。

高山市实施的具体措施中第一项是“城市无障碍化”。消除路面的高低不平，修建残疾人士也能使用的公共厕所，实现城市的彻底无障碍化。这个措施的目的未必是为了外国人，但是确实能给来到高山的众多旅客提供一些方便。

第二项措施是“语言无障碍化”。打开高山市的门户网站主页以及旅游信息网站页面，就能惊讶地看到其使用语言的多样性。英语、中文、意大利语、俄语甚至阿拉伯语都有，总共可以切换11种语言。中文还非常贴心地分了简体字和繁体字两种页面。

街上到处都有用各种语言编成的宣传册，步行街指示牌和路标等也非常细致地用了多种语言标注。另外登记在册的翻译志愿者有一百几十名，可以为外国留学生提供寄宿的家庭登记在册的也达到了100户左右。

很多地方有免费的Wi-Fi以供智能手机和平板电脑上网。如此一来，即使对高山市完全不熟悉的外国游客来到这里，也不会感到有任何的不方便。在这里随处可见外国人悠闲地坐在街头的长椅上玩手机，在咖啡吧谈笑风生。

西方游客纷至沓来的高山市

光凭街上的这些设施和语言的无障碍化，还不足以吸引外国游客。高山市在建设好了迎接游客的基础设施之后，到底想了什么办法？

办法就是，游客们想看什么，想体验什么，都让他们自己自由随性地去寻找。原本高山市想到开发外国游客来旅游，机缘也是因为早先在高山市的东町和寺町附近时不时有外国游客不请自来。

于是高山市开始征集旅游体验师，请外国人来旅游，让他们帮忙找出高山的不足之处和魅力所在。他们找出来的有文字标记上的细微错误，也有当地人自己未曾察觉的高山的魅力之处。

据说最令这些外国游客心动的是高山的乡村风景。

日本的田园风光之美，现在在许多外国的宣传册和旅游杂志上都能欣赏到了。美丽的田园景色、合掌式构造的房屋群，这是令外国人心动的日本景色。对于当地人而言这些风景可能极为普通，却是吸引游客的利器。

在收到了许多旅游体验意见之后，高山市开始推出自行车租赁服务，同时由于飞弹地区坡道很多，因此又推出了电动车租赁服务，让外国游客们可以在市内自由骑行。

有了自行车这个方便的交通工具，外国游客们纷纷深入田间小路上，拍摄了许多美丽的日本田园风光，并且将照片发到社交网站上。这些照片引发了众多的好评和转发，又吸引了新的外国游客前来，形成一个良性循环。

高山市还会提前跟市民们打好招呼，告诉他们外国游客会骑自行车在市内到处逛。农户家会提前备好茶水、点心和水果等招待客人。在推进民间交流方面，高山市也做得非常成功。

如此扎实的努力，终于换来了欧美和亚洲游客的大量到访。2014年高山市接待住宿外国游客28万人，2010年还只有18.7万人，仅仅4年时间就增加了50% 之多。特别是欧美系外国人的比例很高。2014年从欧美及大洋洲来到高山的住宿客人约为9.4万人，占外国人住宿总数的33%。全日本的入境游客总数中来自亚洲的游客占了80%，相比之下高山的欧美系游客数目占比算是较为平衡的了（图5）。

图5　高山市外国人住宿数目变化

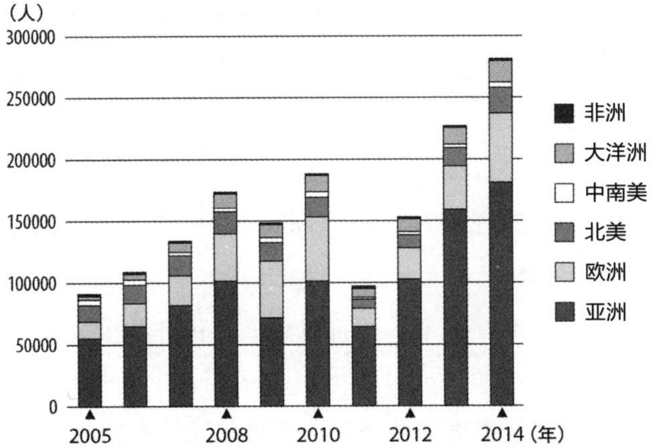

来源：高山市工商旅游局旅游科

要吸引外国游客，就要花时间扎扎实实地做好规划，在建设好公共基础设施的基础上，让游客们自由玩乐。让他们自己发掘未知的事物，拥有新的体验。

为吸引游客而用的心和下的功夫，在高山市内随处都能体现。

渴望走出体娱圈的长野县

长野县的旅游景点也没能做到与时俱进。说起长野县，就会想到夏天在山间平地上打网球，冬天滑雪。20世纪90年代有许许多多的年轻人组团去长野县玩这些运动项目。长野县，无论是从首都圈还是近畿圈出发，距离都差不多，都很方便，地理位置得天独厚，可以迎接来自关东关西两个方向的客人。

平成三年（1991年），日本泡沫经济达到顶峰时，长野县一年接待的游客总数远超1亿人次，旅游消费额达到了4400亿日元。许多年轻人夏天背着网球拍，冬天抱着滑雪板前往长野，这在当时是再平常不过的景象。

然而在泡沫经济破灭之后，游客人数、旅游消费额都急剧减少。2014年游客总数为8418万人次，与1998年相比减少了22%，旅游消费额为2974亿日元，只有1998年的2/3。

减少的原因有好几个，一言以蔽之，长野县无法从过去的成功模式中走出来。

过去首都圈和近畿圈的年轻人不断增多，长野县作为首都圈和近畿圈年轻人体育娱乐的胜地处于绝对的霸主地位。它有着雄伟壮丽的大自然，依托这丰富的自然资源展开网球、郊游、滑雪等项目，这个成功模式的烙印太深了。

但是以泡沫经济破灭为分水岭，日本的人口结构发生了很大变化。年轻人减少，而经济不景气也给他们父母的收入带来了重

图6　长野县游客总人次及消费额变化

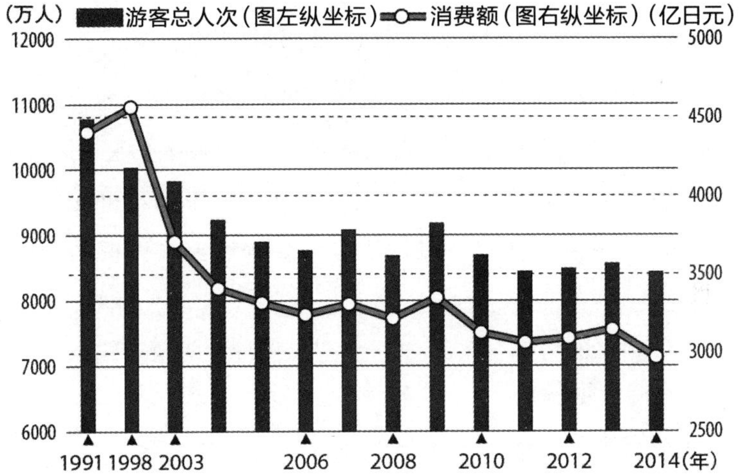

来源：长野县旅游局山岳高原旅游科

创。大学生的就业前景不明，校园生活也被学习和找工作占据了很多时间，有很多人即使毕业之后还要偿还助学贷款。

安曇野的水车展示了未来旅游的形态

年轻人的价值观也发生了很大的变化。他们变得尽量不花钱，也不去冒险。在死气沉沉的现实社会里，年轻人只是在一旁默默地注视着这个社会的动向。他们不再像父母那代人那样热衷于买车了，也有人将他们的生活美化成“慢生活”，但从根本上来看还是因为他们没有闲钱买车。

而另一边，长野县内的大部分景点，都依赖于私家车出行。中央高速公路向来都是非常堵。JR中央本线上的特快列车Azusa（梓）号，开起来一直摇摇晃晃的，乘坐的感觉非常不舒服。连铁路交通方面都没有丝毫改善，长野县不再受年轻人青睐，陷入了旅游困境，其原因在某种程度上可以说是非常明显了。

应该到来的游客却不再如约而至，长野县的景点陷入了令人苦恼的境况中。

话说最近笔者因为工作原因得以拜访了长野县的安昙野市，这是一个位于日本北阿尔卑斯山[①]脚下的城市，拥有穗高温泉乡等景点。因为有点闲暇时间，笔者根据市内旅游网站的介绍，去了一趟“山葵田与山泉水之旅”。蓼川富饶的地下水养育的这片山葵田，有11个东京巨蛋那么大。大王山葵农场还售卖用山葵制作的冰激凌。

山葵冰激凌很美味，伫立在蓼川边欣赏自然界的旖旎风光更是让人心旷神怡。流水潺潺，三架水车安静地转动，这幅光景令人心醉，恍惚间以为进入了莫奈的画里。

① 阿尔卑斯山：位于本州岛中部地区，由飞弹、赤石、木曾三座山脉组成，被称作日本阿尔卑斯山。其中飞弹山脉被称作北阿尔卑斯，赤石山脉被称作中央阿尔卑斯，木曾山脉被称作南阿尔卑斯。

1990年上映的黑泽明导演的电影《梦》中便出现了蓼川水车的景色。这部电影改编自夏目漱石的作品《梦十夜》，由代表8个梦的8段短片构成。在电影的最后一个短片——第8个梦《水车之村》中，描绘了一支乡村送葬队伍跳着传统舞蹈经过这个有水车的河边的情景。村民们唱着“拉赛、拉赛”，其寓意不是为逝者悲伤，而是为其度过了美好的一生而庆祝。

这个水车景色在NHK电视台于2011年4月开始播放的晨间剧《太阳公公》当中也出现过，并在当时引起了轰动。

这种刻在日本人灵魂里的景色，一下子就击中了笔者的内心。长野县的旅游之前一直是以体育运动、比赛项目为中心，现在是否在向这种以游客个人为中心的探索型旅游模式转型？

从这个视角再回过头来看长野县，县内确实有许多非常不错的原生态风景类的旅游资源。然而旅游配套设施却都是些大酒店、大旅馆类的针对团体游客的设施。笔者在跟酒店老板交流意见的时候，听到的都是希望东京的大资本来长野投资，或者再次兴起一股修建别墅的潮流等希望重温美梦的话语。

现在人们都已经不买车了，年轻人也没有钱，铁路交通亦非尽善尽美，社会环境发生了很大变化。但这些我们暂且放在一边。看到仅凭这样一处水车风景就能如此打动人们的心灵，我们是否可以从中得到启示并且去做点什么，这是今后旅游发展的关键。

下雪没什么好看的？

一说起北海道的旭川，许多日本人的第一反应就是冷。确实，旭川在日本的气象观测史上，最低气温曾达到过零下41摄氏度，这个记录让旭川冷得出名了。而且旭川的夏天也很热，1989年8月的最高气温记录为36摄氏度。如此一来冷热极差达到了77摄氏度。这个城市的气温记录让人无法淡定。

我们去北海道旅游，大多是降落在新千岁机场，或者北海道东部的钏路机场。选择新千岁机场自然是因为靠近札幌这座北海道的中心城市。而如果要去以雾景闻名的摩周湖，或者去体验知床的自然风光，那就要从钏路出发，所以这些游客会选择在钏路降落。

位于旭川市内的旭川机场，离层云峡等景点比较近，不过这个机场总体给人的印象比较小众。然而正是这个旭川机场，如今迎来了大量的外国游客。

图7是近年在旭川市内住宿的外国游客数目变化表。2011年的住宿游客数目只有2.5万人左右，仅仅过了3年就达到了8.6万人，增加了3倍多。

图7　旭川市外国人住宿数目变化

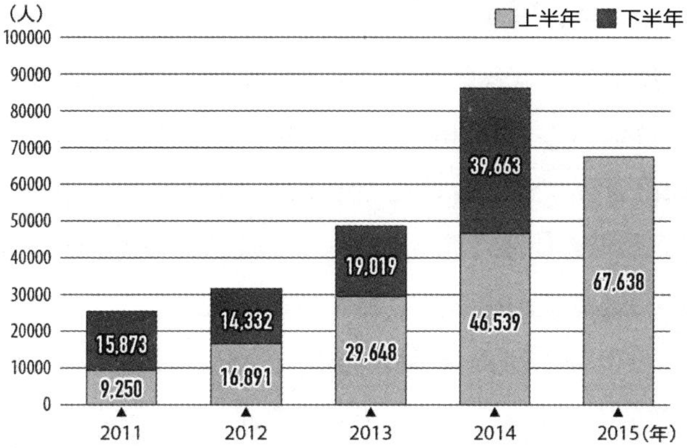

来源：旭川市

更令人惊讶的是，在一年当中的下半年，也就是寒冷的冬季来访的游客住宿数目与夏季相比也没有很大的差别。

旭川机场现在已经开通了连接中国的台北、上海、北京以及韩国仁川的廉价航空，成功地吸引了中国和韩国的游客前来。然而，夏天还说得过去，在极度寒冷的冬天，这些外国游客来访旭川的目的何在？

答案就是看雪。

冬天来访旭川的众多中国台湾和中国大陆游客是为了看雪。对于我们日本人而言，特意花费机票钱去看雪，实在是不能想象。然而这些外国游客当中的许多人从来都没有见过雪。中国国土面积很大，降雪主要集中在北部，上海等沿海城市的居民很难接触到雪。

说到雪，我们日本人马上就会想到滑雪，但是这些外国游客并不一定会去滑雪。即使去了滑雪场也只是在练习场前玩玩雪，或者用手机拍个照就很满足了。

对于旭川人而言，每年将他们折磨得苦不堪言的雪，如今竟然成了旅游资源，这应该是他们做梦也没有想到过的事情吧。

因为亚洲游客的大量造访，旭川的住宿设施严重不足，市内的旅馆曾经达到过入住率80%到90%的盛况。

而且旭川市预估到今后增长的需要，于2015年到2016年，连续3家全新的酒店开业了，共计660个房间。

在小地方城乡能有3家新酒店几乎同时开业，这种现象近年来在日本闻所未闻。然而，现在这个时代也是一个“一切皆有可能”的时代。此前人们都一边倒地往大城市跑，现在却因为外国人的需求而被吸引下乡，扭转了这一切的正是日本人人皆知的雪景。

山口县期盼发展旅游的缘由

山口县位于日本中国地区[①]的西端。它的东边是广岛县，东北边是岛根县，西边则隔关门海峡与福冈县相望。

山口县在江户时代被称作长州藩，历来人才辈出。从幕府末

① 中国地区：日本的地域划分通常采用“八地区”划分法，即整个日本分为北海道、东北、关东、中部、近畿、中国、四国、九州（冲绳）等八个地区。其中中国地区包括鸟取、岛根、冈山、广岛、山口等五县。此处的中国地区与“中华人民共和国”无关。

期到明治维新时期，出现了高杉晋作、吉田松阴等爱国志士，明治政府上台后又出现了木户孝允、伊藤博文等人物。

县内有很多历史古迹，然而旅游业发展得并不尽如人意。

原因有很多，首先第一个原因是山口县特有的问题。那就是山口县没有发展出来一个大城市。县政府所在地山口市，捕鲸业繁荣的港口城市下关市，宇部兴产、马自达、德山曹达等企业分别所在的宇部市、防府市、周南市，自卫队基地岩国市等，这些散布于濑户内海沿岸的城市，人口分别在10万至26万之间。

作为旅游城市，名气稍微大一点的萩市，位于日本海一侧，人口不到5万。

没有特别突出的城市存在，也就意味着没有哪个城市拥有吸引游客的硬实力。小城市林立，导致县内交通也十分涣散，人们分散居住在小城市里，客观上不利于文化的传播和旅游的发展。

山口县之前将重点放在发展濑户内海沿岸的工业上，然而如今随着产业结构的变化，部分工厂转移至海外，企业的业务也发生了很大变化，导致企业对人口的需求减少。再加上老龄化进程加速，光靠这些工业城市已经无法支撑起全县的发展。

因此山口县开始着手通过发展旅游来提升城市活力，特别是将吸引外国游客作为一大课题。那么我们先来看一下山口县和相邻县的外国游客住宿数目。西边的福冈县为135.7万人次，占压倒性优势。东边的广岛县也有43.5万人次，而处于这两县之间的山口县仅为5.6万人次。

外国人不了解日本的历史

北九州机场位于福冈县东边，建在濑户内海的一座人工岛上。从这里下飞机的外国游客大多是乘坐巴士进入九州公路，在到达长野高速公路入口时，会有交通标志显示右边的道路通往下关，左边通往博多。此时这些巴士大多会往左拐。事实上比起博多，下关要近得多，但是巴士都会背朝关门海峡，往博多方向行驶。

从中国来的大型游轮，可以进入博多港，却进不去下关港，因为下关港水浅，大型客船无法驶入。而不在博多港停靠的船只则继续沿日本海侧前进，到达鸟取县的境港。下关港空有海港之名，只能眼睁睁地看着这些船只经过。

西边的广岛县拥有严岛神社和原子弹爆炸纪念馆、广岛和平纪念资料馆等诸多吸引游客的景点。与之对比，山口县缺乏能够吸引外国人的地方。

从幕府末期到明治维新时期，长州，即山口县，曾处于时代舞台的中心，留下了许多历史遗址。萩市在幕府末期曾经志士云集，吉田松阴执教过的松下私塾就在这里。下关（旧称马关）曾发生过长州藩激烈抵抗欧美联合舰队的“下关事件”，同时它也是中日甲午战争的议和条约缔结地。

对于日本人而言，幕府末期至明治维新时期那些耳熟能详的历史故事，在山口县到处都能看到痕迹。然而这些故事却无法引起外国游客的共鸣。

现在日本各地的外国游客随处可见，然而走在萩市的街头，却几乎找不到外国人的身影。松下私塾及其他各个景点，几乎都没有用多种语言标注的指示牌，但这并不是外国游客不来的原因。

笔者曾向外国人介绍萩市的优点，结果对方不解地问道："吉田松阴？是什么人？"

我们眼中的爱国志士，在他们眼中是炮击联合舰队的人，是为了推翻当时的幕府政权而玩尽权谋去暗杀政要的造反派。

下关事件的舞台——长州藩的炮台，对于欧美人而言，正是作为敌人的日本人与他们战斗的基地，不可能成为他们青睐的景点。

萩市的这些景点只能让大多数的日本人动容，却无法感染外国人。我们不要忘记，外国人看待事物的出发点和我们日本人不一样。

我们必须明白，因为每个国家有不同的历史背景和历史观念，所以即使在我们日本人看来是非常美好、非常值得骄傲的事物，也无法成为吸引外国人前来旅游的要素。

要想吸引人前来，必须要充分了解对方。

平凡的景色和日常的生活才能打动外国人

在旅行中细致地探索历史是一大乐趣，但是对于之前从未接触过日本的外国游客而言，这门槛就太高了。

外国游客想了解的是“日式”是什么样子，他们并不是为了对日本的所有事物都要有最正确的认识而来日本。换言之，他们可能只是为了确认一下自己对日本的一些想象。

也就是说，如果来到日本后看到的事物与自己之前模模糊糊的印象是一致的，那么内心就会有一种自己的遐想被验证了的成就感。而如果发现自己完全没有预料到的新事物，或者有了某种全新的情感体验，那么对这个结果也会十分开心。

我们日本人有一个不好的习惯就是，任何事情都要一五一十地全部告诉对方。以至于对方实际上并不感兴趣的东西，也试图将正确的一面告诉对方，甚至还会将自己的价值观强加于人。

高山市的做法是可取的。要吸引外国游客前来，第一步先做好基础设施建设，让外国人来到当地后不至于在一些最基础的环节感受到不方便。

之后就可以让外国人自由参观了，他们看到喜欢的东西，无形中会帮助我们向全世界宣传。而对于他们感兴趣的事物，我们也可以帮他们进行深度挖掘。其他城市应该学习高山市的这种做法。

一个国家的本来面貌，从日常生活当中最能看清楚。外国游客想通过日常生活去了解日本人在哪些地方会比较随意，在哪些事情上又会认真对待。

日本人自认为的平凡景色和平常生活，对于外国人而言却是旅途中新鲜的体验。以前去任何国家旅游都是通过旅行社安排，然而现在随着网络等的普及，个人能够自由安排自己的旅行了。因此游客也能更加深入到当地居民的生活中去了。

最近引发热议的民宿也是个很典型的现象。

现在的游客对于住酒店已经不能感到满足了，他们开始倾向于住进普通人家，以加深对这个国家的了解（第四章详述）。而使这一切成为可能的正是网络。

不过笔者还是要再次强调注意，外国游客想了解的并非“日本本身”，而是他们印象中的“日式风情”。我们必须明白，即使日本人想让外国人对日本有最正确、最真实的理解，他们也不会去研究日本学。

对于外国游客的大量来访，经常有一些日本人会这样说：“只有酒店赚钱了，跟我们没有关系，反而给我们生活添麻烦。”

事实上现在的旅游已经逐渐变成“个性化”模式了，接触到这些游客的每个人都可能成为旅游从业者，双方之间会有一对一的交流来往。高山市将全市自由开放给游客，每个市民都在参与接待游客。如果别的城市也这么做，那么来到这个城市的外国人，也许会帮助当地发现自己不曾注意到的魅力之处。

这是一个“平平淡淡才是真”的时代，无论对于旅游一方，还是迎接一方。

当局者迷

不只是地方上不了解本地的魅力所在，从个人层面而言，这个世界上也有许多人对自己的特色、优点毫无了解。

我们经常会听说一些这样的事情。比如某个人脸上有痣，自己非常介意，然而在别人看来却是最吸引人的朱砂痣。还有人认为某份工作完全不适合自己，结果一去做却发现在这个工作上极富天分。

这样的事情在开发旅游和振兴地方经济时也会遇到。

有一些在当地人看来极为平凡、不可能用来发展旅游业的东西，却成了优质的旅游资源。

笔者在协助地方振兴时经常听到这样的话，“外面的所谓专家，根本不了解我们当地的情况。问他们的意见也解决不了任何问题。”

不可否认，这个世界上确实有很多“三脚猫”专家，但笔者想说的是，没有比自以为是更可怕的事情了。

在一个地方待久了，难免会成为井底之蛙。

其实办公室白领们也有同样的问题，在同一个公司同一份工作做久了，这份工作的存在便成了真理，无法再从其他角度去考虑问题。

公务员的工作更具有典型性。他们的工作从几十年前起就存在，在年复一年的时间流逝中，有些工作的使命其实早就结束了。然而这些人像埋在沙子里的鸵鸟，看不到自身所做的工作已经失去意义，不了解外面局势的发展。本地的事情本地人全都懂，这是非常危险的想法。

要想吸引游客前来，就要了解对方。

如果全凭自己闭门造车的方法，即使把对方吸引来了，一旦交流方式有误，最终也无法顺利取得成果。而优秀的专家能协助你整理现在面临的问题和今后要做的课题，帮你出谋划策，一步步达到成功。

从外部切入问题，这个视角常常是当地人欠缺的。从这个意义上来说，采纳外部的意见至为重要。

但是一听说对方是著名专家就把问题完全扔给对方更不可取。这也是在请专家时经常会犯的一个错误。

专家确实有很多其他地方的经验，见多识广，但是对于当地的事情还是远远不及当地人了解得多。只有双方经过认真的交流，准确地提炼出地方上的课题和问题点，就各自的意见进行激烈的讨论，最后得出共同的方案，如此才能构筑起地方发展的战略。

要想找出自身的亮点，也需要他人的慧眼。

加拿大·温哥华的栈桥

第四章 实例：提升地方活力的非常规方式

效仿东京之风可以休矣

笔者虽然没有出生在东京，但是从幼年时期到现在一直生活在以东京为中心的首都圈，从未离开过。而且在50岁之前的近30年一直在同一家公司上班，从来没有跳过槽，也可以说是个奇迹了。现在的生活重心也仍然在东京。笔者可以算得上是个不折不扣的东京人了。

像笔者这样的人，一到外地，当地人总会对笔者说：

“东京是个好地方啊。听说那里的新房子一栋接一栋地盖，跟不要钱似的。”

“真羡慕东京，听说现在人口还在增加。”

外地人对东京的溢美之词和对东京动态的密切关注，令笔者大为惊讶。

笔者唯一一件也许可以称之为爱好的事情就是钓鱼。以前在公司上班的时候每逢周末就会出海一整天跟鱼对话（被鱼儿骗得团团转），当时笔者觉得那才是生活。

而笔者切磋钓技的地方在式根岛，属于伊豆诸岛。每逢黄金周或者小长假，笔者就会跟钓友们包租一条船去钓鱼。船长是当地的一个渔夫，每次从船上下来跟我们围坐在一起喝酒的时候，必定会聊到东京的话题：

“六本木那个新开张的酒吧，评价怎么样？”

“下周要在新宿首映的那个电影据说很不错。”

“真想再去吃一次饭田桥车站的拉面啊。”

他对东京的各种信息知道得比我们这些住在东京的人还要多。这种时刻关注东京的态度令人钦佩。

这个船长非常能干，每天都在式根岛的海里捕鱼。但有时候兴致来了，特别想去霓虹街上逛逛。这个时候他就会特意抽出空来，乘坐东海轮船到东京的竹芝栈桥，从那里上岸，然后在东京市内享受一整天再回去。这是他最爱做的事情。

类似的现象还有许多。比如每逢周末，从甲府或者松本等地来东京的高中女生就会聚集在新宿。而北关东地区的年轻人则常常聚集在大宫。不难看出，对于地方城乡的人们而言，以东京为中心的首都圈一直是他们最向往的地方。

那么我们不妨把目光投向这些地方城乡来看一看。车站附近已经一片萧条，郊区的沿街店铺也只有开车的人去造访了，俨然成了一个自驾型消费时代。开着车子在那些地方的主干道上行驶，就会悲哀地发现沿街的店铺大多是些总部位于东京等大城市的连锁店。

诚然，对于当地人而言，来自梦想之都东京的知名店铺开到自己地盘上来了，这个店铺简直就是时尚的化身。这种心情我们不难理解，然而遗憾的是，作为东京人，对这些店铺实在提不起兴趣。

据说星巴克在日本最后进入的县是鸟取县。关于县内一直没有星巴克这件事情，县长平井曾经开玩笑地自嘲：“我们是连星巴克都没有的时尚沙漠，但我们有日本最好的真正的沙漠。”诚如斯言，地方城乡展示出自己独特的魅力，想办法吸引游客前来，才是自己应当研究的课题。

然而迄今为止，地方城乡的目标都是拥有跟东京一样的东西，这是一种偏离了发展主旨的价值观。模仿东京，也许会受当地人欢迎，但是这种模仿的本质跟年轻人往大城市跑没有区别。

笔者曾经去过某个地方的温泉。那个美丽的小山村在一座深山里，被富饶的大自然环抱。当天在住宿的小旅馆里吃晚饭，端上来的是金枪鱼生鱼片。一问才知道，当地招待客人的最高标准就是生鱼片。这种观念的出发点仍是来自对大城市的向往，然而从东京来的客人，如果想吃生鱼片的话，去筑地市场就行了，美味的金枪鱼想吃多少有多少。客人们来这里最期待的反而是只有在这里才能吃得到的山间美食。在当地人看来极为普通的日常饮食，对于客人来说才是真正的款待。

今后小地方如果想吸引大量客人前来，靠“跟东京一样的东西”是不行的。如果美国人来到日本，看到自由女神像的脸恐怕也只能苦笑。一个地方有星巴克自是方便，但是这样就感受不到日本的味道了。

地方城乡该从追随东京的道路上掉头了。现在这个时代是百花齐放的时代，是时候自信满满地亮出自身的资源、自己的特色了。当然，就像许多公司也在做的一样，精准的市场调查，营销战略的构筑是必不可少的。

依赖大河剧、偶像剧与依赖补助金毫无区别

地方城乡在打出招牌时经常会借助 NHK 电视台的大河剧或者晨间剧。2013年的 NHK 大河剧，是以福岛县会津地区为舞台拍摄的《八重之樱》。该片讲述了出生于该地、后来成为同志社大学创始人新岛襄之妻的传奇女性八重的一生。此时离东日本大地震过去不久，主演又是由人气极高的女演员绫濑遥担任，该剧的播出导致造访会津的游客剧增。当年的游客数目为395万人，比前一年增长了33%，人数增长了100万人以上。

然而电视剧播完后的第二年马上就减少到了289万人，甚至跌破了电视剧播放前的2012年的水平。

图8　会津若松市游客数目变化

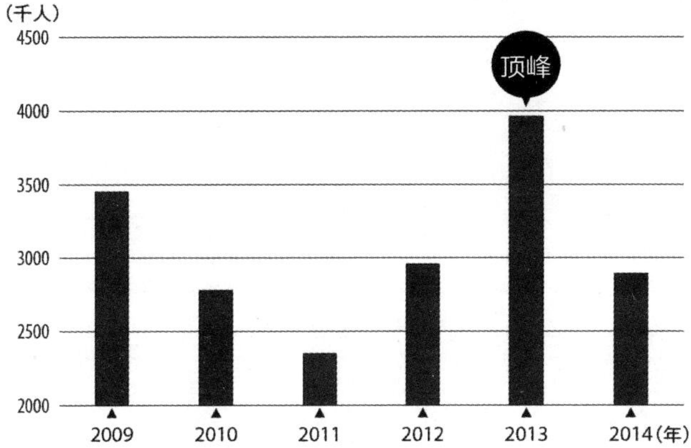

来源：会津若松市

笔者自己于2014年也拜访了会津地区的若松市。整个城市那时仍然到处张挂着《八重之樱》的海报和旗子，让人感觉非常别扭。

跟当地人聊天，对方也说电视剧播完后，确实又回到了之前的样子。

如此一来，电视剧给旅游带来的效果仅仅维持了一年。

2011年4月开始播放的晨间剧《太阳公公》，以长野县安昙野市为背景，讲述了一个叫作须藤阳子（虚构）的女性，在动荡的昭和年代坚强生活的人生经历。主演井上真央也是个很有人气的演员，电视剧播出后安昙野市的山葵田附近涌来了大量游客。

这个山葵田在本书第三章里已经提到过，这里还有日本原生态风景般的水车，因此成了一处绝佳的景点。然而令人遗憾的是，在电视剧播完后的2012年，游客人数就减少了两成（图9）。不过比起电视剧播出前仍然增长了三成，所以这应该算是成功的案例了。

图9 安昙野市游客数目变化

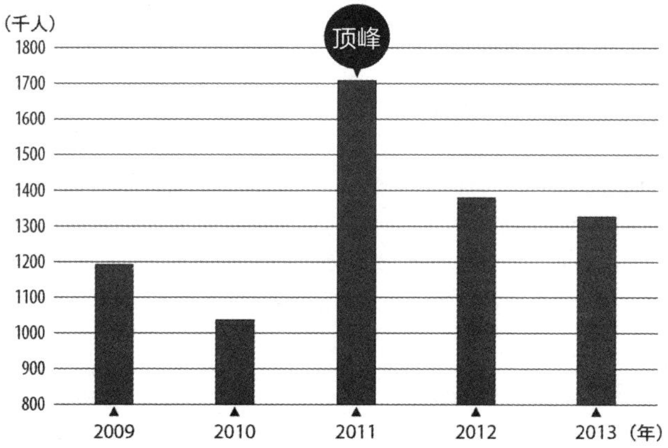

来源：安昙野市

大河剧和晨间剧都是通过 NHK 电视台这个全国性的网络长时间播放的电视剧，所以某个地方一旦成为电视剧的取景地，在旅游方面的吸引力就会瞬间增强。

然而这些一时风靡的城市，仅仅过了一年就不再听到人们提及了，也是失落至极。在笔者看来，这种现象无异于当地从 NHK 拿取补助金。一时之间确实很有效果，但是效果只能维持一年，地方上没能用这笔补助金成功地振兴当地。

还有一个类似的例子是每年举办3次的全国体育比赛（国体）。

这个比赛自1945年12月以来，作为国民体育的盛典，每年由各都道府县轮流举办。过去这个比赛的国民关注度很高，媒体都会大量报道，然而现在，即使比赛正在进行，绝大部分人也都完全意识不到。

如此看来，无论是大河剧还是晨间剧，抑或是全国体育比赛，事实上都是借地方之名行大城市之实，背后仍然是人们对东京等大城市的幻想。因此即使在一时一地取得了人们的关注，也只能获得一次性的效果，无法引导地方的持续发展。

事到如今，地方城乡应该重新审视一下，是否还要在依赖中央给予援助这条路径走下去。

不尽相同的“外国人”

由于访日外国游客开始来到地方小城市，所以地方城乡最近开始考虑面向外国人提供专门的服务，给予他们特别的接待。

此前外国游客都是在东京和大阪间往返，其他地方基本上是靠边站。如今很多地方已经开始通过自己独特的创意，积极地吸引外国游客前来，这是个很好的开端。然而就像日本人将非本国人统统称之为“外人”一样，“面向外国人”这个短语，让笔者有点担心会眉毛胡子一把抓，对所有外国人完全不做区分。

虽然都叫外国人，但其实来自各个国家，这一点毋庸讳言。

既有亚洲人，也有欧美人。每个国家和地区的人，想法都不同。然而我们日本人早年留下的恶习，常常站在对立的角度考虑问题，日本人之外都叫“外人”。

笔者以前从业于房地产投资信托（J—REIT），从全世界的投资家处募集资金，将其运用于房地产。那时候有机会接触许许多多的“外人”，但是比如说到欧洲人，其实分别有来自瑞士、荷兰、英国的人，而且令笔者十分吃惊的是，这些投资家的思维方式各不相同。

荷兰投资家大多会絮絮叨叨地提出很多故意刁难人的问题，给人印象很不好，但事实上在问过很多讨厌的问题之后，如果得出了一个可行的判断，他们就会老老实实地投资。瑞士人其实分成两派，以德国裔居多的苏黎世派和以法国裔为主的日内瓦派，这两派的投资思维也稍微有些差别。至于美国人，出身于东海岸常春藤盟校的投资家和在西海岸灿烂阳光下生活的加利福尼亚投资家，其思维方式的差异，让人无法用美国人这个统一称呼来一概而论。

尤其是英国人和美国人的差别非常显著。笔者以为，英国人跟日本人有很多相同的地方，都有一种岛国思维，会给日本人一种亲切感。

如此看来，外国人也不尽相同。而来到日本的外国人，其喜好也是各有不同。比如中国大陆游客偏爱壮丽的自然风光，中国香港游客喜欢的是在香港绝对体会不到的高山度假村，韩国游客热衷于打高尔夫球，欧美人则对历史文化感兴趣。因此对于这些兴趣爱好完全不同的人，必须有不同的吸引方法。

接待访日游客的注意事项——对待宗教问题要细致

这里有一个特别需要注意的地方就是宗教。

日本人是一个宗教观念淡薄的民族。如果对外国人的宗教观理解有误，就可能失去这些客人。

最近来到日本的伊斯兰教徒在增加。他们生活中有着非常严格的戒律，对于这些戒律我们要有相应的准备。要给他们提供清真食品——即遵照伊斯兰教戒律并取得认证的食品，烹饪过程中不使用接触猪肉类食物的用具。而在旅馆或者机场等处设置祷告室，现在几乎可以说是常识了。

要吸引外国游客，也要根据外国游客的不同性格，对应使用不同的方法。

钓鱼也是一样，只会呆呆地垂着钓竿等在那里，想要的鱼儿是不会上钩的。这里有一个很大的误会就是世人总以为钓鱼是慢性子人的爱好。其实越是擅长钓鱼的人，越是会花工夫去学习想钓的鱼儿的习性、思考如何才能高效率地捕获猎物，不断调整状况来钓鱼。

时刻检查鱼饵，寻找看起来像是有鱼儿的地方（这是重点）布下陷阱，这些行为意味着必须得性子相当急的人才能钓好鱼。对外国人不做区分，统统称之为“外人”的人，在钓鱼行家的眼里无异于把虾虎鱼、鲷鱼、金枪鱼都不做区分地统称为鱼，只会垂着钓竿在那里傻等的外行。

旅游无“县界”

作为东京人，笔者在地方城乡工作的时候，对一个词语感觉非常别扭，那就是“县界”。县是一个独立的地方自治单位，在行政上有边界是无可非议的事情，但是当我们为了振兴地方经济讨论得热火朝天的时候，一聊到县域之外的话题，当地人马上就会摆出一副事不关己的态度。

迎接客人，或者说运送“人”“物资”的时候不可能不跨越县界。然而一到制定对策的时候，当地人就以他县为由不好好推进了，他们有一种很强烈地希望在本地范围内解决事情的倾向。

山口县与福冈县之间隔着关门海峡这条著名的海峡。因为该海峡的本州岛一侧为山口县下关市，九州一侧为福冈县门司市，取名便分别取了下关旧称马关的“关”和门司的“门”。

这条海峡最狭窄处仅有600米的距离。濑户内海沿岸为我国屈指可数的工业地带。亚洲的原材料从这里入境，完成的产品又会从这里出口，运送货物的船只在这条海峡里穿梭不停。

最近位于九州的海上机场北九州机场也建成了，与福冈机场一同迎接乘坐廉价航空入境的众多外国游客。

关门海峡在过去可以称得上是工业贸易的要塞，如今这个风光明媚的海峡成了一处绝佳的旅游资源。2015年一年间福冈县就接待了235.97万名外国游客住宿。

然而对岸山口县的外国游客住宿数目仅为10.941万人。如果可以的话，两县应该展开合作，就像香港岛和九龙半岛之间一样，将两岸建筑物的灯饰统一，或者在两岸间设置往来的游船，同时在北九州机场和下关之间设置渡船。

历史上有名的坛之浦也在关门海峡这里。坛之浦之战是源氏与平家的最后一场战役，这段波澜壮阔的题材还曾被编入好莱坞电影。如果设置渡船的话，我们可以将来往的船只分成红船和白船，再现12世纪后期的日本。

主意还可以出很多，然而跟当地人一交谈，对方表示两市、两县过去从未探讨过这样的合作。

毕竟福冈县外国游客多，跟个财神爷似的，广岛县也很受欢迎，居于两县之间的山口县只能苦笑。

笔者认为，或许可以将整个“西濑户内海”地区串联起来，挖掘自然、文化与历史资源，将其融为一体打造一条路线，那么不仅对于外国游客，对于日本游客而言也是一个不错的旅游新去处。

日本政府最近也开始打区域牌了，推进跨区合作打造旅游线路，而不是局限于从县等行政单位层面来考虑。

“升龙道”项目便是中部北陆地区9个县的政府、旅游相关企业与团体等为了提升中部北陆圈的知名度而积极展开合作的项目。这一带区域从天空俯视下来就像一条腾飞的龙，因此命名为“升龙道”。该项目通过打造经典线路，修建日本铭酒街道，做好伊斯兰教游客的对应服务，统一进行对外宣传等来提升整个区域的附加价值。

对于游客来说，本来就不存在什么“县界”，或者说游客本身就是一种跨越“县界”的存在。我们在考虑如何吸引游客的时候要站在游客的角度去考虑。

打破“常识”——水上飞机与直升机

笔者曾因出差去加拿大，在温哥华的工作结束之后，要去位于对岸温哥华岛上的维多利亚市。这两个市的直线距离大约为100公里，隔大海峡相望。

如果是陆地相连的话，这点距离不算什么，然而由于隔着海，只能坐船过去。一开始笔者考虑的是坐大巴换乘轮船，但是把换乘时间也考虑进去的话要花费将近4个小时，可以说是趟长途旅行了。

为了确保在目的地留出足够的时间来工作，笔者询问了酒店工作人员最快的交通方式，得知还有一个令人意外的办法，那就是乘坐水上飞机。

20世纪60年代曾经有一部叫作《海豚弗利波》的美国电视剧，讲述了在佛罗里达州一条叫作弗利波的聪明的海豚与公园警察一家的温馨故事。剧中水上飞机频频出现，笔者关于水上飞机的印象就来自这里，但是从未想过有一天会乘坐水上飞机去维多利亚市。

当天笔者如约来到了位于温哥华闹市区的码头，码头上的景象使笔者震惊。栈桥上停着的飞机就有五六架，乘客坐满即飞。笔者按照指示购买了机票，在等候室等了大约20分钟后，一位优雅的女性工作人员向我招手示意登机。

乘机顺序是先到先乘，一共有十二三名乘客按照指示排队进入机舱。笔者坐在第一排，驾驶席就在前面，驾驶席和乘客的座位之间没有任何遮挡。

乘客全部坐满后，水上飞机的螺旋桨发动机马上就响动起来，在水面滑行了一段后身轻如燕地飞了起来。飞行时间只有30分钟，我们还没反应过来就已经到达了维多利亚市的港口。

笔者的记忆中至今仍然深深刻印着温哥华至维多利亚之间的景色，一座座美丽的小岛镶嵌于海峡之中，令人难忘。水上飞机的飞行高度比较低，不会与普通飞机相互干扰，而且正因为它高度比较低，可以充分欣赏下面的美景。

日本需要拓宽交通工具的种类

对于水路较多的加拿大而言，水上飞机算得上是居民出行的常规手段了。

说到水路，日本并不比加拿大少。然而在日本从未听说过使用水上飞机运载游客或者商务客人的事情。

就像前面提到的濑户内海，风平浪静、水面宽广，也许很适合发展这样的交通方式。濑户内海东至大阪港、西至下关港都可以通过水上飞机连接，甚至如果能扩大一下飞行范围到琵琶湖或者滨名湖就更好了。虽说日本航空法的管制非常严格，但是发展水上飞机也不是没有可能。

另一方面高山地区的旅游可以使用直升机。目前国内的直升机总共不到一千架，大部分都是救灾用或者媒体报道用。

水边使用水上飞机，山地使用直升机，这类小型运送机如果能得到很好的利用，那么区域内的移动就会变得更加简单，说不定还会有很多新的发现。

地方城乡需要转换一下过去的思维模式了。今后应当提供多样的交通方式来吸引游客、使游客上钩。

修桥不如修缆车

新加坡是东南亚治安最好的国家，税收制度上的优惠政策也吸引了全世界的投资客前来投资，然而从旅游业的角度来看，只要稍微待上几天，国内几乎所有的旅游设施就可以全部体验完，很难给人留下旅游大国的印象。

笔者因为工作关系时常到访该地，有一种交通工具倒是让我非常喜爱，那就是从新加坡南部的花柏山经港湾去圣淘沙岛的高空缆车。

乘坐这个缆车可以从空中俯瞰新加坡，而且去圣淘沙的路上看到的景色，充满南国情调，让人还想再次体验。圣淘沙岛与新加坡岛之间也有大桥相连，可以坐巴士或者汽车。但是从车窗看到的景色与从高空缆车上看到的景色完全没有可比性。

据说东京奥运会的会场晴海与对岸的汐留之间也有修建缆车的构想。位于东京市中央区的晴海，将被建设成运动员村，而在奥运会结束之后，这里的大约6000套房子将作为住宅出售。

居民交通出行方面，目前仅计划建设一条快速公交系统（Bus Rapid Transit）。官方宣传是将赤坂经虎门、新桥至汐留的环状二号线道路（麦克阿瑟道路）延长，再过桥至晴海，在这条路上设置快速巴士专用道，可以方便地连接市中心。

然而实际情况又是怎样的呢？交通出行只有巴士这一种手段，看起来就十分不可靠，而所谓的快速公交系统使用起来效果到底如何，令人怀疑。而且一路上乘坐拥挤的巴士摇摇晃晃地上下班，似乎也不是件舒服的事情。

然而，如果能坐上缆车快速地过桥，晚上回家途中还能欣赏东京的美丽夜景，那么即使费用稍微高一些似乎也是可行的。

事实上现在如果要看东京夜景的话，一般认为从彩虹大桥看到的夜景是最美的。但是要在彩虹大桥上看夜景，只能通过车窗看，而桥上的栏杆和钢索非常妨碍视线。

乘坐缆车就完全没有这些担心。这个高空缆车如果建成的话，也许会成为欣赏东京最美夜景的新地标。最好能够24小时运营，成为不夜城东京的象征。

然而据说东京市政府因为要承担巨额的建设费，也是颇为犹豫。建设费用可能达到数百亿日元，然而城市规划不应仅仅盯着眼前的收支，而是要做好百年大计，要考虑到未来在东京工作的市民们以及来到东京的外国人，为他们打造一个更有魅力的城市。

笔者个人不太喜欢都营大江户线那条地铁。在青岛幸男当东京市长的时代，东京市政府以财政困难为由压缩建设费用，在工程上实施了很多削减费用的措施，比如隧道挖得极小，车辆上半部分收缩变小，从车站出来的台阶也造得极窄。

结果就是车辆极其拥挤，车厢顶部的压迫感非常强烈，个子高的乘客几乎要得密闭空间恐惧症了。而车内吊着的广告牌，为了不至于砸到乘客的头，从中间拦腰折叠，看上去非常奇怪。狭窄的楼梯使得乘客在高峰期出站极为费力。这种基础设施建设完全没有跟上社会环境的变化。

面对人们跨海过河的需求，东京市不应当止步于修一座桥就够了的心态，而应该具备长远的眼光，提供更为宏大的设计。

地方城乡应当学习娱乐界的运营方式

2015年9月偶像组合岚在宫城县利府町举办的“东日本大地震复兴支援演唱会”，4天内吸引了20.8万人。时值日本9月间的小规模长假，东北地区的住宿与交通皆因来观看演唱会的大量粉丝而变得拥挤不堪，局面陷入混乱。

这个演唱会的影响极大，包括导致原定在此期间于仙台市举行的日本定性心理学会，以及搞笑艺人田森主持的东北帆船竞赛都不得不延期，由此也引发了众议。

岚成员在向田森致歉时，田森没有露出任何不悦的脸色，反而开玩笑说：“看来我这帆船比赛赛不过岚。”田森果然大度有趣，然而我们也有必要通过这件事情来研究一下这种万人空巷的演唱会是如何吸引人的。

笔者有朋友在大唱片公司工作。据他介绍，20世纪90年代是唱片销售的黄金时期。先是小室哲哉带领的TM NETWORK乐队走红，之后其麾下的TRF、globe（地球乐团）、华原朋美、安室奈美惠等大名鼎鼎的乐队和歌手相继登场。小室哲哉制作的歌曲连续4年获得日本年度唱片大奖，每年有十几张唱片销售过百万张。歌曲受欢迎自然带动唱片销售火爆。

然而现在唱片销售情况与十年前比，基本上减少了一半。销售能过百万的唱片只有寥寥数张。

图10 唱片生产数量

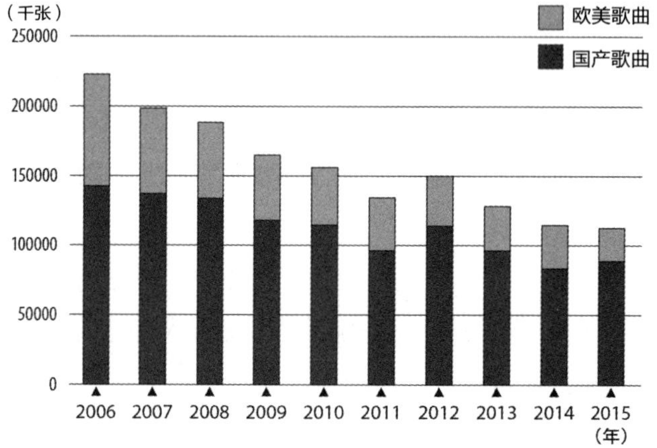

来源：日本唱片协会

如此一来唱片公司如何生存呢？朋友告诉笔者："现在都不是靠唱片了，靠的是演唱会。一开演唱会，就不知道哪里冒出来这么多人。"

确实如他所言，现在演艺界如日中天的AKB48也频繁地举办演唱会、见面会以吸引顾客。要参加她们的见面会就要买唱片，要想在她们进行总选举时投票，唱片就是获得投票权的工具。唱片的销售离不开这些活动。

这里其实也体现了当下社会的巨大变化。

之前是同一首曲子大家各听各的。在这种情况下诞生了买唱片这个行为。然而现在这个时代，人们热衷于分享同样的体验和感情。在东日本大地震之后，"人与人之间的纽带""感情"等词语使用频率极高，也是这个时代的反映。

令人觉得讽刺的是，网络的普及降低了人们的物质欲望这一基本需求。现在是一个网络软件引领世界的时代，人们在虚拟世界里游玩，有时会意识不到现实世界的存在。

然而另一方面，人又似乎天然有着希望和别人产生联结的意识，害怕完全陷入孤独。因此会通过演唱会之类的活动和大家聚集在一起。不过在聚会后又担心留下一些事后的麻烦，所以活动一结束，大家又迅速散开了。因此或许只有这种能将大家聚集到一起的网络软件或者某种内在的吸引力才是必不可缺的。

没有“灵魂”的活动不可持续

对于如何提升地方城乡的活力，许多人都认为举行一些活动就够了。活动确实能在短时间内吸引人流，然而遗憾的是，它不可持续。

有许多地方在花样出尽之后陷入了“活动疲劳”的状态，最终从整体上来说没有取得什么成果。

出现这样的结果是必然的，这些活动大多是一次性的。马拉松比赛是非常不错的吸引人流的活动，但它也不可能天天举办。很多人喜欢长跑，但也不可能经常聚在一起赛跑。竞吃比赛、泥泞跑等都是非常有趣的活动，然而这些活动缺乏一个“中心人物”，或者说缺乏某种“信仰”、缺乏“灵魂”。

一个事物只有拥有强烈的内在吸引力，才会受到别人的追求。岚的演唱会大概也是满足了这个条件吧。歌迷们聚集在一起，跟岚呼吸一样的空气，一同唱歌跳舞，在这一刻能陶醉于这样的时间与空间里，这就是演唱会的魔力。

类似的现象从最近日本人对体育的狂热状态中也能看到。

虽然日本职业足球联赛没多少人会连日观看，但是世界杯的时候男女老少们会聚集在小馆子里或者酒吧里来声援球队，他们大声喊叫、号啕大哭、拥抱在一起。这样的光景在以前的日本从未见过。

世界棒球经典赛和奥运会也是一样，最近万圣节的狂欢亦是如此。这些比赛或者节日，关于它们的知识不是很懂也没有关系。只要拥有能让人们聚集过来的吸引力，人们就会沉醉于前面提到的亲临演唱会般的感觉，并且乐此不疲。

地方城乡需要战略性地打造这种内在吸引力。只要拥有了某种“只有来这里才能体验到”的东西，那么这个地方就有可能在日本立于不败之地。

空房子等于免费的基础设施

了解了当今社会的形势后，我们再回过头来冷静地思考一下地方的现状。在以“大城市经济”优先的时代，许多地方的年轻人涌去了东京、大阪等大城市，只有老年人和空房子留在了当地。

根据2013年的调查结果，全国共有820万户空房，占总住宅数目的13.5%（空房率）。这个数据意味着日本住宅每七八套房子当中就有一套空房，这成了日本极具代表性的社会问题。

老年人居住在地方城乡，而他们的子女却大都住在大城市里。今后即使老人去世，子女也不太可能回到地方上继承遗产，结果就是这些房子将完全闲置。

现在有越来越多的地方为如何处理这些闲置空房而烦恼。空房子给社会带来的不良影响包括：①破坏景色；②影响治安；③可能发生灾害等，不一而足。现在难得有越来越多的外国游客来到地方城乡，如果因为这些空房子影响了景观和治安，那么很可能失去这些游客。

而一旦发生台风或者地震等自然灾害，这些空房子很可能倒下挡住疏散通道，瓦片也可能飞落砸到路人。

目前日本政府已经正式开始介入处置这些空房。2015年5月全面实施的《空置房特别措施法》规定，对于被划入“三无”空房的房子，在劝告维修之后并无改善的，将推倒归于平地。

那些保存状况极差、被认定为“三无”空房的房子就不提了，其他空房子中倒是有不少还能加以利用的。笔者认为在振兴地方城乡时可以好好利用一下这些空房子。

现在各个地方政府都设立了空房银行，将这些房子挂在网上供人们自由浏览，希望能吸引大城市的人到小地方居住，或者去了大城市的“村二代”们回到离家比较近的中小城市居住。不过这个空房银行目前除了少数地区以外，大部分地方的进展并不顺利。

这也不难理解。老实说，政府工作人员在行政管理方面很内行，在房地产方面就并不在行了。

站在专业的房地产人员的角度，不客气地说，这个空房银行里展示的大多数房屋，看上去就如同一份份腐烂的食材，让人根本无从下手。

另外如果这些房子自身并没有任何问题，可以在市场上正常买卖的话，大街上那些房地产中介就能处理了。也就是说被放入空房银行的这些空房子，基本上都是些“烫手山芋”。

这些空房子实际上很多都是潜力股。只不过目前被闲置在那里，还没有人去探讨如何处理使用。

腐烂的食材也是菜，我们可以把腐烂的部分去掉，处理到可以做菜的程度。对于空房的处理，即改善措施，具体而言有：理清土地的权利关系、明确土地边界范围、进行一些必要的修缮。而盘活这些空房，需要拥有房地产专业知识的人或者组织来介入。

这些经过改善而面貌一新的空房子，极有可能从地方政府眼中的累赘变成助力地方振兴的基础设施。

民宿是小地方招揽客人的利器

访日外国游客不断增加，不止大城市的接待能力有限，小地方既有的住宿设施也远远不够。东京、大阪等地预估到今后外国游客将越来越多，已经开始制订计划建设更多的酒店，现在各个酒店正为拿到建设用地而进行激烈的价格竞争。

然而地方城乡，除了本书第三章中提到的旭川等个别例子，大部分地方都无法拉来建设新酒店的投资。

既有的住宿设施当中，有许多旅馆已经破旧不堪了，这些旅馆老板年纪越来越大，大都缺乏重建或扩建的资金。而当地的金融机构已经放了很多担保贷款在外面，现在的首要任务是回收贷款，对于支援酒店重建这种新的投资，他们也是有心无力。

在这种局面下，民宿登上了历史舞台。

不知道各位是否了解一个叫作爱彼迎（Airbnb）的网站。它是一个将空闲的普通民房挂在网上提供给旅客的住宿服务平台，2008年诞生于美国加利福尼亚州。这个网站在全球化背景下成长，现在已经能为191个国家、3.4万多个城市提供服务。

这个网站的优点在于，房东可以很方便地将现有的住宅、公寓或者豪宅等空房出租给旅客，并获得租金。而旅客住在当地普通人家的那种快乐和舒适，是住酒店体验不到的感受。

这种为旅客提供住宿的普通民宅就被称为民宿。

在日本，媒体报道中的民宿是对既有住宿设施构成威胁的“异类”和“大麻烦”。最早带来不良影响的报道是，有一个在日本投资了高层住宅的中国人，让从本国来的游客住在自己这个民宿中，结果游客在房间和公共区域吵吵闹闹，在扔垃圾等事情上也不遵守管理规范，由此引发骚动的一系列事件。

然而对于希望在2020年入境游客达到4000万人的政府而言，民宿可以说是弥补住宿设施不足的最后大招。有了民宿，就无须特意修建新的宾馆酒店，只需把现有的基础设施利用到位即可应对。

2017年国会常会上通过了“民宿新法”，将民宿纳入住宿设施体系，使其规范化。这个法案的具体条例包括要求对住宿游客进行登记等，引入了一部分目前宾馆酒店的管理规范，不过总体上是一部有利于民宿发展的法案。只要向政府提出申请，就可以自由地将自家住宅变成民宿提供给旅客。

这种简易方便的住宿服务网站，或许正好能在地方城乡大显身手。民宿如同散兵游勇一般，正好作为地方住宿设施的补充。

如今极少有地方城乡再建设大型温泉酒店了。如果全日本到处都有这种能提供民宿的个人住宅的话，那么外国人就不再仅仅出现在大城市街头，而是背着登山包轻轻松松地深入各个地方去了。

也就是说，民宿或许正好扮演了一个将外国游客引向日本“最深处”的领路人角色。

而住宿在日本人家的外国人，感动于民宿的好处，也会到社交平台上去宣传。这就是口碑。结果就是有一些连我们日本人都想不到的地方，却有许许多多的外国人涌去。民宿或许是振兴地方城乡的一个新思路。

先来住一段时间，而非定居

关于吸引人来地方城乡，到现在为止几乎一直在聊外国游客的事情，其实游客终究是“一次性”的，一时一地的事情不可持续。

跟地方上的人聊天，对方也是觉得有许多外国人来访固然是好事，但是更希望那些聚集在大城市的日本人能回到地方上来。

有没有什么办法呢？答案或许就在这些空房子当中。

地方政府制定的空房对策，主要是希望提供给大城市的人到小地方来居住，或者去了大城市的“村二代”们回到老家附近居住。笔者认为，这些空房除了可以用于民宿之外，也可以有一些中长期使用的方法。

比如现在大城市里有许多从公司退休后过着“每天都是星期天”的日子，看起来让人十分羡慕的人。他们拿着退休金，生活舒适惬意。

但人的幸福很难定义。这些人未必都对这样的生活感到满意。确实也有许多人觉得每天无聊至极，但是到了这把年纪也不好再去找新工作，所以每天都闷闷不乐。

那么我们是否可以尝试请这些人到地方小城市去体验一下。不要直接跟他们提定居。他们当中大部分人已经在大城市里安家，虽说退休之后跟社会有了一些距离，但是在各自的地盘上已经生根发芽了。

可以劝劝他们“乡下很舒服”“有新鲜的空气和好吃的饭菜”，但是好听的话说再多，也不能马上提定居。比起直接让他们定居，不如先把地方上那些空房子好好捯饬一番，请他们先去住一段时间。当然，不能纯粹只是住。因为人很容易产生厌倦的情绪。而且如果对当地一无所知，去了后完全摸不着北，那么光每天的生活就会很不容易。

如果只是住在那里，一个礼拜就住腻了

要让他们在当地的生活过得如鱼得水，有几个方面需要先布置好。首先要能够轻松入住，就要确保房子里的用水没有问题，厕所、浴室、厨房等的用水是一套住宅最基本的生活条件。不能说老式的铁锅澡盆极具传统风情就留下来塞给他们使用，当地人自己都觉得铁锅澡盆不方便，早就改成整体浴室了。

房子里的所有家具、生活电器、餐具等都要配齐，让他们能够直接拎包入住。如果能提供租车服务，那么即使住的地方交通不是很便利，也能自行驾车外出。

另外如果对当地不熟悉，可以为其配备专门的接待人员。给他们介绍当地的节日活动，邀请他们一起参与活动的准备事宜。农户家到了庄稼收获的季节，如果人手不够的话，可以请他们帮忙。当然要支付相应的工钱。

笔者有个朋友，老家在山形县，他家那一带产一种叫作“佐藤锦”的樱桃，每逢收获期就会因劳动力不足而发愁。这个时候如果这些住进了空房并且打算长待的人能来帮忙的话，对于农户来说就真的是救星了。对于农户们而言，比起语言不通的外国劳动力，还是请日本人帮忙做农活更轻松、更高兴一些吧。

劳动结束后双方一起吃个饭，喝点小酒，话匣子自然也就打开了。在体验了这样一些美好的事情之后，这些人会在社交平台上分享宣传。如此也就开启了一个良性循环，会有新的人不断地被吸引前来。而在来的人当中，或许真正想搬家到这里的人也会有所增加。

如果说再美的景色5分钟也能看腻，那么再怎么宣传这里是个好地方，给住客提供再优越的自然环境，如果仅仅只是住在这里，一星期就会习以为常，然后就腻味了。这是非常令人遗憾的。

所以我们先以一个月为目标做一些设计，先让住客觉得住一个月是快乐的，然后再做长远打算。要想钓到大鱼就要慢慢地吸引对方靠近。钓大鱼最忌没耐心。

地方城乡的“卖点”在于传统、文化、饮食、自然？

在本章中笔者提到了地方城乡虽然难能可贵地拥有一些很好的素材，但是没有充分地利用来吸引客人。

换句话说就是日本有许多地方交通条件还不错，吸引人的必备因素“传统”“文化”“饮食”“自然”等都具备，只要稍微花点心思就有可能吸引来大量客人。

笔者在地方上工作时注意到的一点就是地方城乡过于追求“自力更生”，仿佛还像过去年轻人多的时候一般，追求能让小城市自立的基础工业，开了很多商店，不停地修建住宅。人们认为这是一个地方该有的样子。

然而实际上这是人们在潜意识里效仿东京、大阪，建造起来一个个“小东京”“小大阪”。事实上，今后再要建造那种麻雀虽小五脏俱全的“小东京”是很困难的。今后城市的发展不应当再以东京、大阪为模板，而应当摸索出一条具备地方特色的道路，让东京人、大阪人去羡慕。为此，地方城乡要丢掉过去唯东京马首是瞻的“进京”思想，而应当着手让人们坐着火车“下乡”来。

就像企业有一个经营范围一样，地方城乡首先应当查看一下自己的经营资源，在这些经营资源中又要确定一下重点经营项目。

比如，如果将目标瞄准在教育上，那么我们不妨考虑一下从全国甚至从全亚洲、全世界吸引有志向的年轻人前来，打造一个亚洲版的松下村塾也未尝不可。

之前提到的在大城市里悠闲度日的公司退休员工，他们以前也都是辛勤奋斗在日本最前沿的人群。我们不妨以中长期合同工的身份将他们招聘而来，让他们为地方城乡的学校教育等做出一些贡献。或许他们能给我们一些惊喜的建议。有些人或许还会焕发出第二春，做出一番大事来。

人们常常停留在从“传统”“文化”“饮食”“自然”中思考地方“卖点”的层面，殊不知地方城乡最需要去做的是在所有资源当中选择某一项去重点打造，即对于地方城乡而言，经营战略、事业战略是最有必要的。

下一章我们将详细讨论如何去构筑这个战略。

第五章

车站推动日本经济

——从『进京』经济到『下乡』经济

为何需要建立紧凑型城市

在探讨地方城乡的问题时，“紧凑型城市”这个概念经常会被拿出来讨论。

这个概念于20世纪70年代首先在美国被提出，其后作为一种“可持续发展的城市规划”在欧洲受到认可，从而正式亮相于大众视野。具体来说它是将住宅、办公场所、商店、医院等生活必需设施集中于城市里，控制郊区的无序发展，减少私家车驾驶，建设一个通过公共交通工具和步行就能到达各个地方、老年人也能生活得安全舒适的居住环境。

笔者现在由于从事地方振兴的相关工作，有机会走访各个地方城乡，目睹许多地方城乡中心地带的颓废之状，简直不忍直视。

许多地方的商业街被讽刺为卷帘门街。笔者去某个地方城乡考察商业街时正逢台风来袭，在暴风雨暂停的间隙里，去一条有拱顶的商业街上溜达，目睹一家商店的白铁皮屋顶被狂风掀翻砸落下来的情景。这是极其危险的事情，非常容易导致灾难发生。

话说回来，地方城乡的中心地段为何会发生“空心化”，为何颓败至此？

笔者还去过另一个地方城乡，那个城市向来以制造业闻名，在日本经济高速增长期，有著名化工企业入驻该市。大型工厂沿港湾而建，方便从海外进口的原材料直接运送到这个绝佳的据点。

从经济高速增长期到20世纪90年代，这个化工厂雇用了大量的工人，整个城市充满了活力。市中心修建了许多住宅和相关设施，以供这些人居住使用。商店的生意都很好，一到晚上璀璨的霓虹灯将城市映照得光辉灿烂。

然而一进入90年代，这个工厂的业务发生了很大的转变。固有的生产线转移到了中国，工厂里的设备改换成了与生物相关的研究设备，另外在郊区建设了一个大型研究所。市中心顿时人去楼空。

现在工厂仍然存在，但是其内在已经完全改变了。从制造基地变成研究基地后，雇员也以研究人员为主。这些研究人员不仅人数变少了，而且他们的性格跟以前的工人性格完全不同，他们不去车站附近的饮食街吃吃喝喝，而是在自己家和研究所之间驾车往返，过着两点一线的生活。

他们当中的大多数人，不喜欢乱哄哄的市中心，而是选择在郊外买个大房子，开车上班。而为了迎合他们的需求，大型商业设施也开始转移到郊外，那里可以建造宽大的停车场。

地方城乡中心地带的人消失了？

工人们失去了工作，离开了这个城市，只有老年人留了下来，往昔盛景不复再现。

其实，现在日本有许多地方城乡面临几乎一样的问题，不仅仅是人口减少和市民的老龄化，日本很多产业都发生了结构上的变化。

产业的软件化，导致对劳动者的数量和质量的需求发生了变化。从地方高中毕业的年轻人，无法与这些需要高度专业知识的研究岗位相匹配。

一直以来，公共基础设施建设在一定程度上支撑了城市的经济发展，确保了一部分劳动岗位。然而现在这方面的工作也在锐减，地方上年轻人的就业岗位不是与护理相关，就是快递等小型物流业，就业面极为狭窄。而且从事这些工作也都无须居住在市中心。

如此一来，地方城乡的中心地带逐渐失去了人影，曾经繁荣的商业街也都拉下了卷帘门。

这样的转变对地方城乡的财政也造成了巨大的冲击。曾经支撑起城市经济的工厂撤走了，即使残留下来了一部分，因为其业务发生了很大变化，缴纳的税收减少了。再加上曾经有工资收入并且需要纳税的市民们，许多已经变成了领取退休金的人，导致全市的税收大幅减少。

而随着市区的边界不断向郊区扩张，学校、医院、消防局、上下水管道等公共基础设施都必须配备和维修。本来市区里现有的基础设施就已经老旧，需要一大笔维修费用。两相夹击，地方城乡苦不堪言。

埼玉县秩父市据说每天都能接到水管损坏、破裂的电话，一年间的报修次数超过700次。

秩父市内铺设的水管总长度超过600公里，其中大约有20%是已经使用了40年以上的老旧水管。今后这些水管全部更新需要几十亿日元的费用。已经陷入财政困难的政府如何确保服务好辖区内的居民，这点令人担忧。

城市原本是人们从四面八方聚集而来，在这里工作、消费的一种空间形态，如今其结构发生了巨大变化，包括公共基础设施在内的城市规划亟须进行根本性的改革。紧凑型城市能更高效地将市民集中起来，这种管理模式在某种意义上来说是必然要实行的。紧凑型城市勾画了一个“低碳环保的社会”“老年人聚集在一起、充满活力的社会”的蓝图，其背后是现代都市社会里令人焦虑的巨大变化。

从青森和富山来看紧凑型城市的构想

较早引入紧凑型城市这一构思，并将其实施的是青森县青森市。青森市从市中心地段往郊区的人口流动剧烈，导致市政府在修路和上下水管的铺建上花费了几百亿日元的财政支出。并且该市因为处于暴雪地带，每年冬天在除雪作业上要支付一大笔费用。1999年青森市制定《城市规划方案》，力图将分散至郊外的市民重新引流回归市区。该方案的理念为：①压缩由于市区扩大带来的行政需要；②有效利用现有物资；③协调市区周边的自然环境和农业环境。

具体实施层面，将城市分为“内环”“中环”“外环”三个区域。分区域改善交通，“外环”基本上以文化、艺术活动为主，打造成一个与自然环境相协调的娱乐区域。

车站附近的中心区域则招来了大型商业设施AUGA，市中心地段建设高级公寓。市政府在压缩行政支出的同时，通过这些房地产建设，在固定资产税方面的税收得到了增长。

富山县富山市于2002年成立了“富山市紧凑型城市建设研究会”，以研究会为主导，采取了一系列措施致力于建设紧凑型城市。

富山市过去对私家车的依赖度极高，因此采取的措施主要是在城市中心区域打造一个由铁路、公交车等纵横交织、尽善尽美的公共交通系统，诱导市民回归市区。

具体而言是在市内修建轻轨系统（Light Rail Transit），跟公交车无缝衔接，改善市内的交通网络。富山市希望能摆脱目前对私家车的高度依赖局面，将城市建设得更加紧凑，以应对今后市民的老龄化和人口减少的问题。

建设紧凑型城市的难处

建设紧凑型城市的构想如今已蔓延至全国各地，札幌市、稚内市、仙台市、丰桥市、神户市、北九州市等都已经将建设紧凑型城市的计划纳入了执政方针。但也并非所有的地方城乡都欢迎这个方案。

2015年1月笔者参加了NHK电视台关于探讨闲置空房问题的《日本新生系列》特别节目。该节目就当今日本越来越严重的空房问题，从全国各地召集来一些市民进行讨论。笔者与大学教授、市政府人员等一同坐在专家席上，当谈话聊到紧凑型城市这个话题时，演播室的氛围瞬间为之一变。

有些人认为建设紧凑型城市的目的是为了在行政上便于管理，但它损害了市民最基本的居住权。虽然目前已经实施紧凑型城市计划的大多数地方城乡并没有采取“强制迁移”的政策，始终只是站在“诱导”的立场，但在这场讨论中遭遇如此激烈的反对，也令笔者深感意外。

反对意见的内容大致是说，因为这个紧凑型城市建设规划，人们将被迫在市中心地带活动，被迫搬去公寓住。人们想在自己的独栋大房子里安度晚年，政府却来添堵。诚然，并不是每个人都觉得住公寓舒服，而民众如果想住在郊区环境好的地方，这也是他最基本的生活需求，这一点毫无疑问。

然而现在的城市规划，如果不在一定程度上控制郊区今后的开发，不把市民引导回市区内的话，行政服务就完全跟不上了。这一点，笔者认为需要大家冷静地来讨论。

上述冲动型的论调暂且放一边，关于这个紧凑型城市的构想，大家提出来的问题大致有如下几个：

①人们现在生活的郊外住宅区该如何处理；

②原本已经荒废、不适合居住了的市中心地带还能否重生；

③城市规划是行政行为，政府有没有将自己的错误转嫁给市民；

④这个计划的本意是否为重振市中心商业街的权宜之计；

⑤市中心开车不方便。

这些问题原本就是站在肯定现状的角度提出的问题。从这一点来看，也可见问题解决之难。

在这个节目的最后，有一位市民的发言让笔者至今难忘。

他说："我对生活从来没有过抱怨。我也不希望日本今后会变得连给我家装一根水管都装不起了。"

如果到了那个时候就麻烦了。

话说回来，地方城乡中心地带的出路到底在哪里？下面笔者以每个城市市中心必定都有的车站为例，给地方城乡提升活力出一点主意。

不断倒闭的地方商场

在地方城乡仍然充满活力的时代，市中心必定会有商场。大一点的城市会有三越这样的大牌商场入驻，小一点的城市也有当地品牌的商场，这些商场占据了车站附近最优越的地段，成了这座城市的地标。

然而自从泡沫经济破灭后，日本进入了长期的通货紧缩时代，地方城乡的商场开始陷入困境。

市中心的人口急剧减少，并且开始老龄化。究其原因，之前提到的“产业结构转变”是一大要因。工作岗位变少，导致年轻人纷纷往东京等三大城市圈跑。当地新建的工厂大都不再是之前那种需要大量雇用劳动力的制造业工厂了，而是偏向于研究机构性质，仅需小部分掌握专业知识和高级技能的人才，并且新出现的企业大多是软件类企业，工厂的选址不再像以前那样必须靠近港湾，而是倾向于郊外。

汽车的普及和公路网络的完善，以及各种价廉物美的大型卖场和专卖店的出现，也使人们对市中心的依赖度大大降低。

对于这些大卖场和专卖店来说，市中心地价高，难免要跟商场竞争。然而幸运的是，由于市中心产业结构的变化，年轻人往郊外流动，顾客层分流，这些商店便开到地价便宜的郊区街上，吸引客人们开车前去。

我们平常总觉得市中心交通发达，但事实上那里道路狭窄，停车场不足，交通并不便利。这种种原因叠加，结果就是市中心失去了产业、失去了价格优势，地理条件也失去了竞争力，于是大商场一个接一个地关店或者倒闭了。

车站商场死而复生？！

现在许多地方都为了如何处理车站前这座空荡荡如鬼屋般的商场建筑而苦恼不已。

车站前的标志性建筑变成了“废墟”，这可不是件玩笑事。各个地方已经开始着手重新利用，出了一些对策。其中最常见的是在商场的低层区域开设特产馆，面向游客售卖纪念品或者当地的特产。

这一手段正好利用了车站附近的优势，但是如果这个建筑物有8层或者10层，能改成特产馆租借出去的最多是底下三层。那么其他层该怎么办?

如果改成市民音乐厅，商场楼层的天花板太低不适宜演奏音乐，音响效果也不好。改成会议室的话，面积又太大了。怎么改都觉得棘手。

在这种情况下，笔者的意见是，将商场的高层区域改成宾馆。

商场改宾馆，这个主意或许让人一时难以理解，但实际上商场的楼层重装成宾馆是很容易的。

一般的经济型宾馆，一间客房的面积在15平方米左右。横宽3米，进深5米，就是一个房间了。具体设计时就以这个15平方米为单位，看看一层商场可以设计出多少个房间。

沿商场的外墙侧设计房间，对面修走廊。走廊的宽度有1.8米就足够了。商场有从底下往上的自动扶梯，那个地方上下完全是通的，没有地板相隔，所以我们可以将这个空洞的部分重新改造成轿厢式电梯。如图，将客房沿外墙排列的话，商场建筑改宾馆并不难，这或许令人出乎意料。

图11 将商场改建为宾馆的方法（简图）

商场在建造时会考虑到客流量巨大的可能性，地板有足够的承重能力，同时，逃生用的楼梯到处都有，火灾时的灭火设备也是标准配置。天花板一般要比普通住宅高一些，不过在装了上下

水管之后稍微把地板抬高一些就可以变成普通的客房高度了。

唯一的难点在于商场一般都没有窗户。宾馆的客房并非一定需要窗户，但是所有客房都没有窗户，看起来也很乏味。不过可以观察一下商场建筑的外墙构造，许多建筑在外墙上打窗户洞其实不是个很难的工程。在给客房做设计的同时设计好新窗户即可，如此一来，窗户问题也不是大问题了。

地方城乡的商场，大多选址在车站附近。如果要将已经分散至郊外的市民再召回这个建筑里，那就需要别的智慧了，但是我们不要忘记，车站这里有众多国内外的游客到来。将车站商场改成车站宾馆，对于游客而言或许正是理想的落脚之处。

我们根本就不需要重新买地来建造新的建筑了。只要将这现成的结实的商场建筑好好利用即可。

将商场的高层区域改造成宾馆，低层区域的特产馆也会受益。从宾馆走下来的游客们到低层区域的特产馆买东西，完全就是“洒水效应”。

从这个角度来看，地方城乡中心地带还沉睡着许多可以改成宾馆的建筑物。过去也曾因为许多家庭或者年轻人的到来而盛极一时的车站商场，希望它今后也能得到有效利用，成为让国内外游客喜爱的地方。

车站何时才能卸下“进京”的使命

迄今为止车站在人们的印象中就是去往东京等大城市的出发点。许多以车站为题材的歌曲，都会提到故乡的车站。

年轻的男孩女孩离开故乡，来到东京工作。他们挥别心爱的家人和恋人，在东京艰难而顽强地生活。歌词基本上都是这样的套路。

而歌词的后半段通常是，年轻人又回到了故乡。他们不喜欢东京，还是想回到父母所在的故乡。最后当主人公从故乡的车站走下来，会唱“最美不过故乡”。

那么我们就通过这些歌曲题材来想象一下地方城乡的车站。

歌中的主人公大多是出生于地方城乡的人，因此他们对车站的印象其实是很淡薄的。为什么这么说呢？因为人在一段旅程出发的时候，心里全是对留在老家的亲人和恋人的思念。主人公根本不可能去关心车站本身。他们必须要赶火车，或者要在车站跟恋人告别。这个情景十分悲伤，恋人的眼中只有彼此，不会有车站。在这种场面下，车站不会出来抢镜。

那么回乡时的情景又是如何呢？主人公的心灵在大城市受到了伤害，因为思念故乡而踏上回家的火车。回来时心情十分激动，觉得还是故乡最好。主人公一会儿想着能见到心爱的姑娘了，一会儿又为能与亲人重逢而激动，美好与悲伤的事情全部涌上心头。心里思绪万千，手上还拎着东京带回来的特产。在故乡的车站下车后，对车站里摆着的各种特产完全没有兴趣。从车站一下来就只想着赶紧回家。

从探亲客到观光客

如此看来，过去地方城乡的车站只不过是地方上的人们去大城市的一个工具而已。也就是说迄今为止车站没有被当作一个迎接从大城市或其他地方城乡来的人甚至外国人的场所来使用。

因此也没有必要给车站“打扮”，毕竟迎接的是只有探亲时才回来一下的当地人。

然而，今后来到地方上的贵客将变成国内外的游客。那时候我们还用这个冰冷乏味的工具箱般的车站来迎接他们吗？毕竟车站对于旅客而言是来到地方后的第一站。

有个词语叫作“第一印象”。

第一眼给人的印象很好，对于顺利推进接下来的交流十分重要。而对于初次来到一个地方的旅客而言，车站就是迎接他们的窗口。旅客降落在车站时如果能感受到这个城市的气息，将会对接下来的旅行充满期待。

车站应当作为一段旅行的起点，在这里可以将当地的信息介绍给旅客。然而过去的车站似乎只关注游客的行程，只关注游客是否要从车站走到目的地、是否要坐巴士、是否要换乘火车、是否要打车。

不可否认，引导游客顺利地到达目的地而不至于迷路，也是非常重要的事情。但是现在的人出行都带着智能手机，去宾馆酒店的路一般都不会觉得有多困难了。

如果新到一个地方，那里不是一些常规老套的景象，而是能给人带来惊喜、感动和新的发现，该有多好。现在越来越多的旅客是怀着这样的期待从站台上走下来的。

然而令人遗憾的是，许多地方的车站还不曾拥有能够满足这些人期待的元素，不能给他们带来兴奋感和心动感。

车站也是主题公园！

车站没有的元素，迪士尼乐园有。人们在进入迪士尼乐园时的那种兴奋感究竟从何而来？一进入乐园的大门，无论男女老少都会跑起来，在穿过集市抵达灰姑娘城堡前的每一步都走得欢欣雀跃。迪士尼乐园运营者不愧是营造这种氛围的天才。

离迪士尼乐园最近的车站是JR京叶线的舞滨站，车子一到站，广播里就会播放迪士尼的音乐，听着“哒哒哒、哒哒哒”的轻快节奏，远道而来只为邂逅米奇和米妮的人们马上就被拉入迪士尼的世界中去了。

车站也可以称得上是一个引导人们了解当地的主题公园。然而放眼全国，能让旅客一下车就啧啧赞叹的车站有几个？

笔者认为振兴地方的第一步应该从车站开始。再漂亮的房子，如果门口又小又脏的话，客人看了也不会舒服。说不定内心还会想“这就是你们的待客之道啊”，并为此感到失落。

那么车站应该如何做才能吸引客人呢？

不妨修建地方版忠犬八公广场！

大家的记忆中有哪些车站广场能给人留下深刻印象？

车站前面一般都会有个交通岛广场。交通岛广场上设有巴士和出租车的站点，方便乘客进出车站。还有些车站为接送的私家车提供停车点。

车站广场一般会修建地面或者地下停车场。车站广场的一个重要功能就是方便人们从别的交通工具上下来搭乘火车。

无论如何车站首先必须是要能发挥作用的，并且是高效的。它要确保乘客换乘巴士或者出租车时不至于淋雨。要引导各种交通工具顺利地从车站前的“入口”进来，从“出口”出去。

在许多人的印象中，车站广场完全等同于交通岛广场。或许因为车站只不过是一段行程中经过的一个点而已，几乎无法让人将其与供人们交际的“广场”联系起来。

车站确实是一个帮助人们出行的场所，但它同时也是人们“邂逅”的地方。

东京涩谷车站前的忠犬八公广场是东京市内数一数二的、人们汇合的热门地。笔者在学生时代，大概也因为学校本身就在附近，跟朋友汇合基本上都在这里。

广场上有著名的忠犬八公铜像，不知道从什么时候起，在这个铜像旁边汇合就流行起来了。这个铜像相当小（大概是仿照实物大小造的），一到傍晚或者周末广场上人多杂乱的时候，赴约的人就很难找到这个铜像旁边来。

过去经常听说这样的笑话，有人和朋友约在忠犬八公广场碰头，来了后却没找到彼此，只好回去了。在没有手机的时代，这是很有可能发生的。所以后来大家会指定一个具体的方位，比如“八公的尾巴附近”“八公的右脚边”等，这种约法在当时的年轻人当中也是一种乐趣。

这个广场上现在仍然会有形形色色的人聚集。过去大都是学生，现在则是男女老少什么人都有，甚至还有来自各个国家的外国人，广场上因此长年人满为患。这些人大多数既不去车站乘车，也不是下班放学回来的。

他们只是成群地聚集在这里。即使没有什么特别要做的事情，人们也会从四面八方聚集到这个广场上来。在日本工作的外国人，只要一来到这个广场就不再觉得“孤单”。同是天涯“孤单”人，在这里碰见后，很自然地就相互交谈起来了。年轻人中有很多也并不是和朋友约在这里碰头，而是莫名其妙地就想来这里站着。

联想到最近，国际上的足球赛事和万圣节狂欢活动的话题频频出现在电视和网络上，这其实是人们发泄精力的一种方式。看到广场上的景象，旁人或许不能理解，但是聚集在这里的人们通过这种方式来分享相同的价值观，感受和别人之间的某种联系，然后就心满意足地回家了。

忠犬八公广场，或许是现代社会的人们心灵交流的场所。

将车站广场变成自由市场

那么，地方城乡有类似忠犬八公广场的存在吗？

据说在地方城乡，年轻人的休闲去处是永旺百货超市。永旺在各个地方城乡开了很多大型百货超市，曾经风靡一时。许多人，主要是年轻人，经常相约开车去永旺见面。

提到百货超市，很多人会不假思索地认为就是购物的地方。当然，这些年轻人也许会买一些当天必需的日用品，但目的更在于和朋友相聚。他们生活中一般都是开车出行，在永旺购物顺便和朋友见面是非常方便的事情。

他们在日常生活中很少与车站产生交集，自然也就对车站广场毫不关心。

来到永旺的当然主要是本地居民。换句话说，这些人在自己感觉舒适的小小空间里过着自我满足的生活。

这对地方城乡的发展没有什么裨益。

广场的功能在于人们之间的交流，自己人抱团生活的时代，在很多地方已经翻篇了。从这个意义上来说永旺很难成为像忠犬八公广场这样广义上的广场。

我们为什么要关注车站——这是旅客到访地方的第一站，理由就在于此。

车站广场本应该是个欢迎客人的场所，然而长久以来却只起到了个交通站点的作用。新干线的每一个车站都如同工具箱般冰冷乏味，这也说明地方上没有将车站和车站广场放在一个战略性的位置上，没有考虑过可以用来吸引客人“下乡”。

人群聚集的广场可以称得上是个自由市场。所谓市场，是人们为了交换“物品”“金钱”或者“服务”等而设置的场所。自古以来，人们都是拿自己拥有的东西去市场上通过“交换”这一行为获取自己缺乏的东西，以此来维持生活。

市场可以满足人们各种各样的需求，而聚集在市场的人们之间也产生了交流，市场对于人类社会而言起到了十分重要的润滑剂的作用。只不过现在地方城乡随着人口减少和年龄结构的老龄化，人与人之间的润滑剂日趋干涸了。

从这个意义上来说，车站是唯一的、任何人都有机会接触到国内外旅客这种“外人”的场所。

我们应当重新打造车站广场，为人们提供“交流”的场所。

许多地方的车站都是优先考虑建设巴士和出租车的乘车站点，

而让步行的人们走地下通道。我们可以尝试将这个思路反过来，让交通工具停在地下，而将地面开放给聚集在车站的人们。

可以将一些主要车站的站前广场打造成介绍当地风土人情的主题公园。不是摆点土特产品、放点宣传片之类的，而是做成一个常设的主题公园。也就是说，将车站广场打造成一个与当地民众进行交流的场所。当地民众可以举行一些仪式，欢迎到访的人们。

以前去夏威夷，飞机一降落，乘客们刚从舷梯上下来，就会有美丽的姑娘上前来将花环戴到客人的脖子上。那种原始的待客仪式，让人瞬间就开心地感觉到真真切切地来到夏威夷了。同样，当客人走下站台时，当地如果以自己独有的待客仪式欢迎客人，应该是非常不错的。

在车站广场上客人们可以和当地人交流。这里的当地人，不应该只是为了做生意来招揽客人的旅馆老板娘，而是要有一些当地的高中生、家庭主妇，或者老年人也可以。

车站广场在如实展示当地风貌的同时，最好举行一些精彩的活动来欢迎客人。

这样的车站广场可称之为“精神上的自由市场”。市场上并不一定要交换某种物品，永旺百货里三五成群的年轻人，想必也是为了寻求和朋友之间精神上的联系而聚集在那里的吧。

地方民众应该更多地走出来，和其他人交流。在车站广场不仅仅可以跟刚下火车的旅客们交流，与自己的朋友在这里汇合也很不错。车站广场可以成为一个精神上的自由市场，大家用最真诚开放的心态欢迎旅客的到来。

卷帘门街背后的真相

许多车站附近都有一条沿车站而建的商业街。现在这些商业街大都没什么活力了。随着产业结构的变化，人口从市中心往郊区退散，只剩下老年人留守在市中心，生意不好是自然的。

许多人认为，由于2000年《大店法》的修改，放松了对开设大卖场的限制，导致商业街衰败。

这种说法乍一看似乎很合理，但事实上许多商业街的店铺出现事业继承和遗产继承等方面的问题，以及前面提到的地方城乡产业结构变化的问题，与这部法律的修改只是在时间上存在巧合而已。将商业街的衰败归结于大企业对中小店铺的欺凌，很难说是正确的。

那么这里就有个问题，为什么这些关着卷帘门的店铺仍然存活着呢？

这个问题笔者就跟说相声一样自问自答吧。答案就是，即使空关也没有关系。卷帘门街的二代们，大多数早就去了东京、大阪成了工薪阶层。

而大多数店铺的房东们也早就到了拿退休金的年纪，日常生活是不愁的。早期做生意赚了钱的人，已经离开商业街搬去别的地方住了。也就是说他们早就换了别的行当了，住进了公寓或者高档住宅。

当然，也有一些借了大笔钱来做生意的人。这些店铺老板，现在仍然在慢慢偿还金融机构的贷款，勉强糊口。而对于金融机构来说，即使将卷帘门街的房子没收了，也完全无法转手。没收后如果拿在手里要交物业管理费，即便拆了也要花钱。这些卷帘门街的店铺作为抵押物完全就是烫手山芋。

也就是说，将这些店铺“搁置”在那里，对于相关各方来说，是维持平衡的无奈之举，也是目前最好的办法。不过如果一直维持现状不变的话，卷帘门街也永无再生之日。

空关的商业街和大厦如何重新盘活

接下来我们考虑一下如何重新盘活这些陷入了“思考停顿”状态的商业街。

首先鉴于这些店铺的持有者大多数已经不想改变现状，我们要让他们开始感觉到不得不动起来。

商业街是市区居民们非常重要的公共活动区域，而歇业的商店会对这个公共区域产生很不好的影响，我们可以以此为由对这些空关的商店进行处罚。日本是个非常重视私有权的国家，之前一聊到空房的话题，就会有人说“我自己的土地，我爱怎么着就怎么着”。针对这样的言论，我们可以设置一定的条件，当地政府可以仿照之前的“三无空房”来划定“三无空店”，先对这些店铺进行营业劝告，如果劝告之后仍不执行则拆除处理。而拆为平地之后，持有者要缴纳的固定资产税会更高，遗产税的评估也更为不利。

如此一来平地越来越多。接下来我们可以将各个商业街变成开发特区。成立一个特区改造基金会，让持有者将土地卖给基金会，或者借助将土地、建筑物以现物出资的形式成为这个基金的股份持有者。

之后基金会就可以将卷帘门街自由地拆除，将其改造或重建为一条与车站广场联动的新商业街。

基金会的出资方为当地政府等公共机构，而长年苦恼于不知该将资金借贷给谁的地方金融机构可以作为资金的贷出方。

商业街的道路在经特区认定后，使用方面的限制可以放宽一些，当地可以将车站广场与商业街联动起来，实现整个区域的“改造重生”。商业街以及周边的道路都可以交给当地居民来修复、改造或者新建，让当地居民自己打造主题。

在将这样的舞台准备妥当之后，就可以请从车站下来的旅客们悠悠然地踏上商业街的道路了。我们要让旅客觉得踏上这条道路就如同走进迪士尼集市一般。

由于店铺一般都开在建筑物的低层区域，那么上层区域就需要再花一点心思。首先整个区域要统一配备 Wi-Fi，然后要具备孵化器功能，从国内外招募想在这里“占一座山头”的人们。

他们住在哪里呢？就住在同一幢建筑里。这些空关的店铺，大多数店主原本也是住在这里。我们将用水问题解决好之后，不妨以便宜的租金租给他们。这就成了手冢治虫居住的“常盘庄”。

要让商业街里这些“并不发愁”的人动起来（调动他们的斗志）是非常困难的，尤其是还有一些年龄方面的问题。

我们需要用“胡萝卜加大棒”的方式，这种方式听上去很粗暴，但是很有必要。今后社会的发展，需要更多地站在整个地区、共同体的角度去考虑维持和发展，这需要大家的智慧。我们在这里提到的处罚、大棒，皆是为此。

不过这也很容易让人误解为是对弱者的欺凌。笔者只是提出一些建议，最终还是需要当地去制定一个有大局观的、大家都满意的战略。

车站是吸引客人的好地方

一个城市的发展过程中，既有“来到这个城市的人”，也有“离开这个城市的人”。

近年来东京人口持续增长，让人以为只有“来到这个城市的人”，事实上据2014年度东京市流动人口数目调查，发现当年从其他县市流入的人口数目为40万人，而流往其他县市的人口数目也有33万人。

东京至今仍能作为日本的中心城市而存在，一个很大的原因就是流入者和流出者都非常多，也就是说作为一个城市一直在进行“新陈代谢”。

而地方城乡，过去一直是单方面地往东京输送人才，为“进京经济”的发展做贡献。今后向往东京的人依旧存在。一定量的人才流出也是必然的。

然而今后，地方城乡必须创造出一个吸引人才前来的“下乡经济”时代。这要看各个地方如何展示自己的魅力。

这个世界上有一种职业叫作导演。经专业的导演之手，过去不知名的作品，其隐藏的细节和故事的趣味也能被最大限度地挖掘出来，令观众痴迷。

对那些只在网上看过、自以为已经了解了的顾客们，告诉他们一个新地方未知的魅力，这也是一种导演般的作用。

如今大批“团块世代”退休，他们拥有大量的闲暇时间，日本国内的旅游业也趁机瞄准他们推出了许多热门商品。这一批人大都有钱又有闲，旅行社拼命发展这些客户也是可以理解的。

然而如果要认真考虑地方城乡今后的发展，地方上的核心目标就不应该是老年阶层，而应该在年轻一代。

针对老年人的旅行商品经常会有“老年人优惠”，这是将习惯于闭门不出的中老年人引诱出来旅游的一种手段。只不过令人不解的是，对于有钱又有时间的人群，为什么要用“优惠”这种宣传手段呢？

优惠原本是以有一个核心顾客群为前提来进行的，否则整体收益就上不来。过去，旅游是年轻人的代名词，现在年轻人不来旅游了，我们正应该针对年轻人实施“优惠”战略。

在任何一个时代，年轻人都是贫穷的。特别是现在的年轻人比起十年前、十五年前，更没有钱。我们正应该向他们展示在网络上体验不到的地方城乡的趣味和快乐。

去地方城乡旅游最大的花费是住宿费。老年人可以让他们住在品质好的酒店或者旅馆里，年轻人则可以让他们住在经过改建的、价格便宜的商业街店铺或者住宅里，这样一来还能跟当地的年轻人、企业家、学生等各种各样的人进行“交流”。

如果某一天我们去往曾经的卷帘门商业街，发现商店的卷帘门不知何时已经打开了，里面有又帅又酷的东京青年，谜一般的亚洲留学生，他们在这里自由自在地生活、工作，人们跟他们相谈甚欢。如果存在这样的一个环境，地方上的年轻人也许会觉得待在永旺打发时间是件多么空虚无聊的事情。

人与人之间通过“交流”可以碰撞出无数的新点子。

很多地方内部都以“自力更生”为目标，笔者并非要否定这种努力。但是地方城乡长久以来连“新陈代谢”都缺乏，人才的流向全是“进京”。现在我们要打破这个局面，就不能仅凭地方内部的战斗力，而需要从外面猎获人才，让他们“下乡”。我们需要狩猎民族的思维。

钓大鱼，无论是数量还是体积，都需要有计划和谋略。而车站就是一个实施作战计划的重要战略据点。

第六章

财富来自天空与大海

即将有 4000 万外国游客到来的时代机遇不容错过

如果说车站主要是客人从陆地来到地方城乡的门户，那么从国外入境的游客们是从哪里进来呢?

过去大多数外国游客都是从成田机场或者关西国际机场等主要国际机场入境，然后从那里换乘火车或者巴士到达目的地。

然而最近乘坐廉价航空直接降落到地方城乡机场的外国游客剧增。2015年来到日本的外国游客有大约四分之一降落在地方城乡机场。

从港口入境的游客也有许多。外国游轮在日本靠岸的次数，2015年达到了965次（比前一年增长了48%），游客人数达到了111.6万人（比前一年增长了2.7倍）。总而言之，现在从地方机场和港口入境的外国人非常多。

日本是个岛国，所以外国游客只能从天上或者海上来，而迎接他们的门户自然是机场和港口。

图12　外国人入境数（各机场2015年数据）

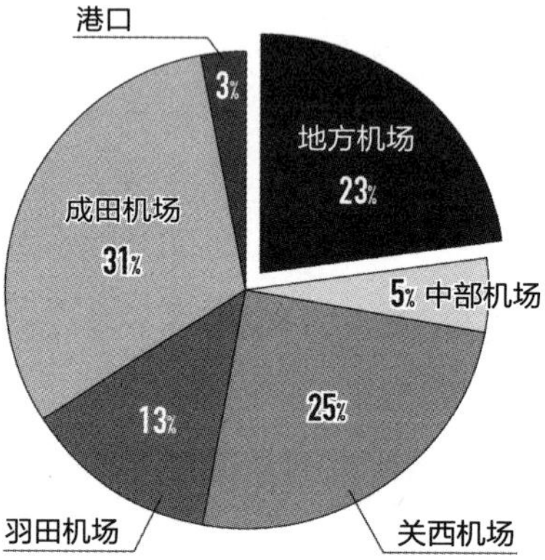

港　口	572
地方机场	4496
中部机场	1009
关西机场	5008
羽田机场	2486
成田机场	6118
合　计	19689

来源：国土交通部

图13　访日游轮靠岸次数变化

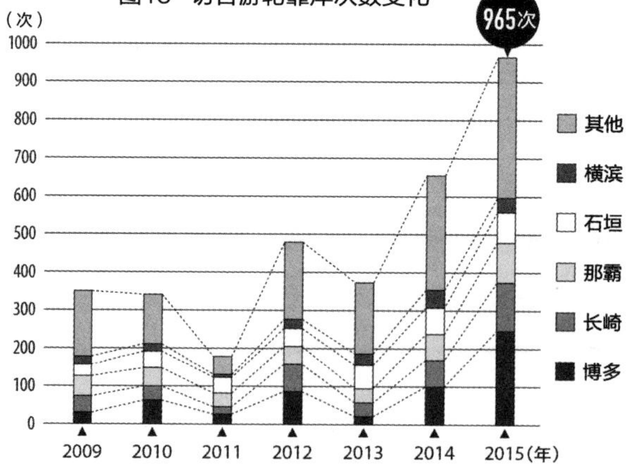

来源：国土交通部

图14　通过游轮入境的外国游客数目变化

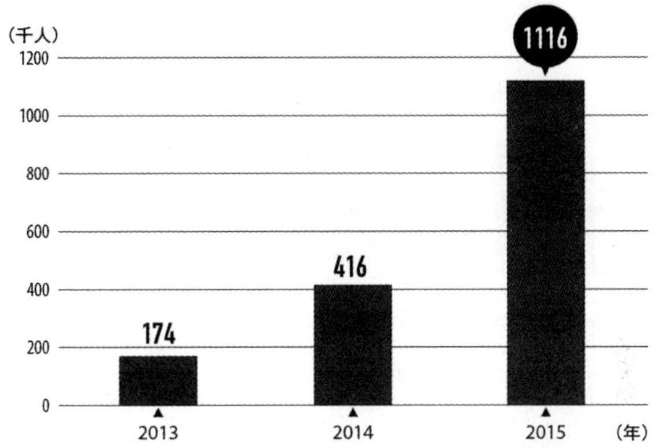

来源：国土交通部

外国游客数目近年来连续高速增长。2015年约有1974万人，消费额达3.5兆亿日元。这个数额之高，相当于全国百货商场销售额的一半。

图15　访日外国人数与消费额的变化

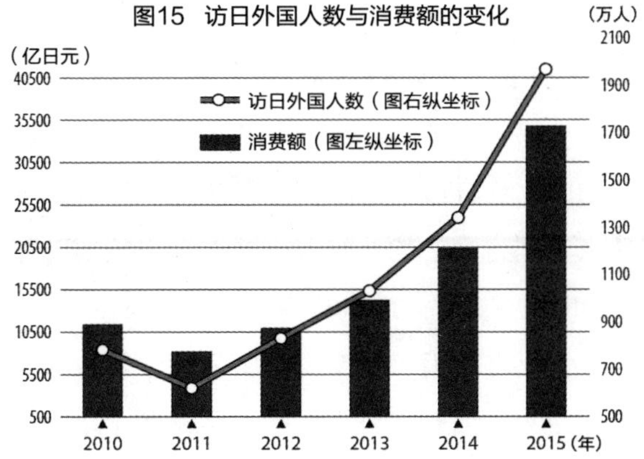

来源：日本旅游局

政府的目标是在2020年接纳入境游客4000万人，消费额达到8兆日元。其实最初的目标是在2020年接纳2000万人，然而现在这个目标被大幅度提高了。在日本的政策方针中，短期内做如此大幅度的修改，而且是非常积极乐观的、美好到让人难以置信的修改，放在过去是闻所未闻的。政府对旅游方面的关注和期待由此可见一斑。

而对于地方上，这种局面用钓鱼来打比方就是，有大量的鱼儿游了过来，各个地方都摩拳擦掌准备上阵钓鱼。那么此处的关键就是如何高效率地钓到最多的鱼。

事实上，现在外国游客入境旅游的实际情形在很多地方是忧喜参半。

以静冈机场和茨城机场为例，这两个机场分别是于2009年和2010年建成的、位于地方城乡的新机场。这两个机场建成之时，正赶上各界提倡削减公共工程，而它们作为“浪费公共资源”的典型案例，遭到了媒体的强烈质疑。

这种地方机场一开始的航线都非常少，茨城机场启用之初更是没有飞机起降。而且由于从茨城机场所处位置可以方便地观看附近自卫队百里基地内的战斗机起飞，许多当地居民都带着便当来这里看对面的战斗机，一时被传为笑谈。

然而现在情况有了很大的改变，以来自中国大陆和中国台湾等地的廉价航空为主的航空公司开辟了到这两个地方的线路，机场涌来了大量中国大陆游客和提着大包小包土特产品的中国台湾游客。

不过这两个地方也有自己的苦恼。机场确实迎来了大量的外国游客，然而他们只是经过这里，几乎没有一分钱落入当地的口袋。

静冈机场发出的机场巴士里坐满了来自中国的游客，他们的目的地是东京、名古屋、大阪。而降落在茨城机场的外国人，他们的目标是东京的上野、浅草或者台场、迪士尼乐园。

尤其是茨城机场，从羽田和成田两机场的大量入境游客当中分得一杯羹后，成了首都圈第三机场。它收取的机场建设费很便宜，同时为乘客提供仅需一枚硬币——500日元就能抵达东京的机场巴士。

这些措施取得了一定的成果，来到静冈和茨城两机场的入境游客增加了，然而问题是这些游客没有为当地的经济振兴做出贡献。

当地商业街的店主们眼睁睁地看着机场大巴经过店门前离开。这样一来地方机场仍然只是一个送人去东京、大阪、京都的工具。

这种局面用钓鱼来打比方就是，虽然鱼儿很多，自己也在拼命地撒鱼饵，结果却是帮别人钓鱼。那么自己如何才能钓到鱼呢，显然还需要一些智慧。

公路服务区是机场学习的榜样

一个地方城乡的机场仅仅被外国游客当作去往东京和大阪的中转站，实在是很浪费。对于接纳了这些游客的地方城乡和好不容易来到日本的外国游客而言亦是如此。

我们之前提到过公路服务区，它主要沿国道而建，在全国大约有1000处，可称之为国道版的服务站。公路服务区的历史尚浅，大约于1990年在广岛试行，然后在全国展开。

在服务区出现之前，国道旁只有一些当地人开的兼作食堂和小卖店的简易路边餐馆，没有那种可以让一家人下车来稍作休息或者跑长途的卡车司机、大巴司机停下车来打个盹儿的地方。所以当服务区出现以后，生意非常好。后来各地的公路服务区就如同雨后春笋般冒了出来。

当地的农民和渔民会将新鲜收获的蔬菜和水果、刚刚捕获的活蹦乱跳的鱼虾以及只有在当地才能买到的点心和土特产等直接拿到服务区来卖，因此吸引了大量顾客。有的服务区甚至会有客人大老远地特意跑来买东西。服务区受到了国民的普遍欢迎。

那么另一种类似公路服务区的存在——众多外国游客必然途经的机场大厅又是怎样的情况呢？

这里也有陈列着当地名产品或者土特产的商店，但是面向外国游客的更多是化妆水、电饭煲等老套的商品，仿佛是为了在东京、大阪时忘记买了或者临时补买的人而摆放于此的。这种售卖方式体现出地方经济仍然只是“进京经济”的补充而已。

“天空站”拯救日本农业

外国游客既然好不容易来趟日本，我们不妨请他们品尝一下当地的美味，并且带一些回国。然而可能大多数外国游客连机场所在城市的模样都没看清，就坐进飞机或者巴士离开了。

那么我们就来学习一下公路服务区，重新打造我们的“天空站”吧。

首先可以请当地的农民和渔民将公路服务区里售卖的那些优质商品直接搬到机场来。配送方式跟公路服务区一样即可，毕竟去机场的路大都修得很好，交通也都很方便。

要让外国游客能在机场现场品尝到当地美味的蔬菜、水果、海鲜等，或者将这些土特产品带回去。

不过各个国家对于农产品和水产品的检疫规定和关税征收各有不同。有时候特意买的东西却过不了海关，带不回国。有些东西只能以加工食品的方式带回去。不过无论如何，让游客们了解到当地有这样一些产品，对当地而言也能起到很大的宣传作用。

令人遗憾的是，在目前的管理制度下，在机场售卖生鲜食品不会像公路服务区那样生意火爆。我们首先要调整海关、出入境管理、检验检疫，即CIQ（Custom、Immigration、Quarantine）的管理制度。

因为只有调整了这些制度，才有可能将当地的农产品和水产品“出口”出去。

现在已经有一部分农水产品在尝试通过航空运输出口国外，这些物品目前有草莓、蜜瓜、柑橘、苹果等单价较高的高级水果和蔬菜，金枪鱼等高级鱼，玫瑰、康乃馨等花卉类，然而这些商品大多是先集中到成田机场或那霸机场的一处限定场所，然后再出口。这种管理方式，对于“鲜度就是生命”的商品的运输而言并非完美。

因此如果有几个地方机场能在CIQ管理体制下配备冷藏设备，提供24小时出口服务，方便当地及周边地区的产品直接出口至中国的大陆、台湾、香港等地的话，当地农民和渔民的销路就会扩大许多。

日本农业在加入TPP（跨太平洋伙伴关系协定）后，将面临与外国产品的激烈竞争。本国内的消费由于人口的减少和年龄结构的老龄化，内需不断缩小，在这种情况下，日本农业必须从国际上拓展销路。而占据战略性位置的机场，能否作为一个出口的据点发挥作用呢？

“天空站”不仅承担着输送客人的责任，也可以充当运送当地物产的角色，为强化地方城乡和外国之间的经济联系做出贡献。

机场成为“大学站”

机场是迎接从天而降的客人的门户。尤其是在现在外国游客可以直接降落到地方机场的时代，我们不仅要请他们来旅游，或者说不仅要让他们只是“经过”这里，还要让他们“停留”在这里。

大分县别府市自古就是温泉胜地，日本人基本上都听说过别府的名字。明治至昭和时期的实业家油屋熊八，曾为别府市的旅游发展做出了巨大贡献，他有一句著名的广告词：“富士山之山，濑户内之海，别府之温泉，”并且将这个广告打到了全国各地。

2000年，立命馆亚洲太平洋大学（APU）诞生于别府市。这所大学的网站主页上写着它的三个办学理念，“自由、和平、人道”，“全球相互理解”，“创造亚太地区的未来”。

这所大学成功地吸引了来自全世界84个国家的优秀学生，在就业方面也完全不输老牌知名大学，成了一所越来越受学生欢迎的学校。

而在引进这所大学之初，大分县和别府市都是非常积极主动地去洽谈，并且将大学建设用地无偿提供给校方。教师当中半数为外籍。2016年5月登记在册的学生（本科生）数目为5948名，其中外国留学生有2942名，占到将近一半。

授课采用英语和日语双语教学。留学生中有95%来自中国、韩国、越南等亚洲国家。

建立大学给城市带来的良好效果在市区内随处都能感受得到。

由于留学生的父母大都是较为富裕的阶层，他们来别府市的频率比较高。每次都要在市内住宿、吃饭、购物，消费额很大。

而学生们也会在市区的宾馆、酒店打工。最近别府市内的外国游客有增多之势，正好使这些懂中文、韩语、英语的 APU 学生们有了用武之地。

未来机场可能会以大学名字命名？

别府市的烦恼在于，APU 的学生们毕业之后，几乎都没有留在本市。如果别府市能给他们提供工作岗位、提供一个大显身手的舞台，也许他们能为城市的发展做出更多贡献。然而，现实情况是现在市内并没有能令他们满意的就业机会。

通过引进大学招揽学生，这种手段从前就有。东京辖内位于郊区的八王子市便是典型案例。由于东京市区地价高涨，学生家庭也越来越多地来自郊区，八王子市瞄准这一现象，吸引东京市区的大学迁来郊区。别府市的不同之处在于，它面向亚洲等地的外国学生打开门户，开启了国际交流的新篇章。

仔细想来，如果要对亚洲地区及海外各国开放门户，将大学建在机场这一迎接他们的大门附近是最好的。

这样学生们能轻松地往返于两国，而他们的父母来孩子留学的地方探望也会比较方便。当然，伴随着他们的造访，住宿及其他各方面的消费也值得期待。如此一来以机场为中心的经济圈也就形成了。

过去日本的大学都会建在一些主要车站的附近。东京的东急东横线上现在仍有许多类似“都立大学”或者“学艺大学”等冠以大学名字的车站。现在各地的机场中，也有“岩国锦带桥机场”这种以当地著名景点作为名字的机场，“隐岐世界地质公园机场”这种以世界名头命名的机场，不久的将来，或许也会出现一些以大学名字冠名的地方机场。

一个大学要从全世界招收留学生，就应该将其造在地方机场附近。现在这个时代，我们需要转换策略，将“车站大学”变成“机场大学”。

大型游轮如同现代版宝船

一提到鸟取县的境港，马上就表示知道的人，必然是老漫画迷了，创作了《鬼太郎》等漫画作品的著名漫画家水木茂先生便是出生于鸟取县境港市。然而能够说出境港的准确位置以及其作为港口的重要性的人几乎没有。

境港市所在港口被称为境港，市名为Sakaiminato，港口名字却叫作Sakai Ko。港口本身实际上横跨了鸟取县与岛根县，由两县共同管理。

境港也是国家指定的102个重要港湾之一（2014年4月）。

就是这个境港，现在涌来了大量的外国游客，然而与其说它变热闹了，不如说它自己都被这来客的阵势吓住了。从中国来的大型游轮时不时就会出现在境港。现在中国坐游轮出行的人在增加，来自陆地的他们最喜欢靠岸的港口是福冈县的博多港和这个境港。

境港作为港口而言在日本人中并不知名，然而现在却深受中国游轮喜爱，它们选择这里靠岸的理由是因为水深。境港的码头水深达14米，而日本最深码头横滨港的水深为16米。境港的这个水深已经相当接近横滨港了，因此它也是日本屈指可数的深水港。

如今的游轮越造越大，现在世界上最大的游轮为尚未来过日本的海洋绿洲号（Oasis of the Seas），其吨位为22.5282万吨，全长361米，最大载客人数达5400人，规模之庞大令人震撼。顺便提一下日本最大的豪华游轮为“飞鸟二号”，大约5万吨，载客人数不过872人。

偶尔有一些10万吨至15万吨之间的游轮来到日本，这些船上的乘客数目大约在2500人至3000人之间。然而在游轮不断大型化的同时，如果接纳船只的港口水深不足，游轮就无法靠岸。能接纳大多数船只入港、靠岸的水深至少需要10米~12米。

境港水深有14米，它随时欢迎大型游轮的到来。

游轮每一次靠岸，从船上下来的乘客在港口周边的消费额为人均3万~4万日元。

也就是说一艘10万吨至15万吨之间的游轮靠岸一次，撒在当地的现金就有大约1亿日元。这对于当地的经济效益而言是惊人的。

这简直就是现代版的宝船。

除了境港之外，国内还能接纳这种大型游轮的港口仅有博多港、横滨港、那霸港、石垣港、长崎港等为数不多的港口。

可以预想境港在今后仍能保持绝对的竞争力。为什么这么说呢？因为如果要将港口码头的水深挖掘加深就需要极为庞大的投资。

当周边的其他港口由于水深不够而恨得咬牙切齿之时，境港又骄傲地迎来了一艘艘大型游轮。

许多地方曾经面向大海开放

当外国游客从大型游轮上走下来时，日本的港口会给他们带来怎样的印象呢？这些港口最初并不是为了迎接游客而建，因此游客们下船后看到的景象可能相当煞风景。游客们下船后都会换乘旅游大巴去市区，在他们短暂停留港口的时间里，在附近只能看到一些钓鱼的当地人，非常乏味。日本的大多数港口并非是为了供人休闲而建，它们仍然只是一条从水路“进京”的途径。

顺便提一下境港火车站，从车站往本町商业街方向走的大约800米区间内，竖立着153座妖怪像，这里被称作水木大道。这条大道建于1993年，是为了纪念出生于境港的水木茂先生之功绩。当时的妖怪像只有23座，规模比较小。后来这些雕塑慢慢增多，到2012年，这条街上已经有153座妖怪像夹道欢迎游客们的到来了。

原本以“吓唬”人为长技的妖怪们，自己也未曾想到有一天会在这里热情欢迎外国游客吧。

笔者以前去长崎出差的时候曾经在一家小酒馆里吃当地美味的海鲜。店主是一个看上去非常朴实、给人印象非常好的人，笔者跟他闲聊的时候发现店主的祖上是山形县庄内地区的人。

笔者非常惊讶，问道：“呀，您祖上居然是从那么远的地方迁来的，太不可思议了。”

店主却回答：“没什么好奇怪的，这一带还有许多人家也是这样的。”

从长崎到山形县的庄内地区，走陆路的话相当远。看着笔者一脸疑惑的样子，店主补充道：“我们祖先是坐北方的船来到这里的。”

北方的船是指“北前船”。江户时代，北海道的物品和出羽地区（今山形县、秋田县）的大米等通过船只运往大阪，这些运送的船只就叫北前船。

每年7月左右，船从位于北海道松前藩（今松前郡）的港口出发，沿日本海，经青森、土崎（今秋田县）、酒田、佐渡、能登、但马、石见、下关到濑户内海，在濑户内海的各个港口停停走走，于11月左右到达大阪。这是一条逆对马海流而上的“进城”路线。而从大阪出发则是在3月下旬左右，沿同一条线路顺着对马海流“下乡”。

在那个时代，对于日本海一侧的各个地方而言，比起走陆路的翻山越岭，坐船去大阪或者江户（今东京）要便利许多。

这么看来地方城乡也曾面朝大海开放门户。

明治时期松前藩被撤，船只的航海次数限制也被取消了，船运事业本该更加繁荣，然而由于铁路的铺设，陆地运输兴盛起来，船运逐渐丧失了价值。

日本海沿岸的港口可称之为“海洋站”

事实上这条航路沿岸的地方，现在在文化、文物、语言等方面仍有许多共通性，毕竟它们通过日本海被连接在一起。

说回到现代。沿日本海一侧的许多地方，至今仍在期待着陆路交通的代表事物——新干线的开通。2015年3月开通的北陆新干线，为富山、金泽等日本海一侧的城市带来了活力。这条新干线从金泽经福井将继续往大阪方向延伸，目前正为从3条路线（小滨方向、湖西方向或米原方向）中选择哪条路线而头疼。毕竟每个地方城乡都将新干线视为“心上人”。

然而新干线能为地方经济带来什么影响呢？它只不过是各地

将去往东京、大阪的交通便利性放在第一位——这种“进京”思维模式下的产物而已。确实，由于北陆新干线的开通，给金泽等地带来了很不错的旅游收入，但如果我们希望这种收入不是一次性的，而是可持续的，那就需要更多的努力。

因为今后乘坐新干线去东京的年轻人可能会更多。

如今“北前船”复活了。日本海一侧的地方城乡，在国内做生意是没有什么优势的，但是在与“大陆”联系方面，它们有着绝对优势。这里的大陆，指的是中国、朝鲜半岛以及俄罗斯。

日本现在是中国、韩国、俄罗斯最受欢迎的出航目的地。由此，我们也可以将港口定位为迎接外国游轮游客和出口日本优质农水产品的基地。

如果从临太平洋一侧的港湾运送货物去大陆，要绕半个日本列岛，非常麻烦。但是从日本海一侧的港口出发，很快就到对岸了。日本海沿岸的港口，不仅像过去一样继续运送工业制品，如今还成了外国游客的迎接窗口、食品的出口基地，成了一个个“海洋站”。

大多数海边的城市原本就很开放，对外国人也很包容。现在正是这些城市面向海外开放门户的时机。

日本政府也已经开始着手发展水产品出口事业。水产厅发布报告，表示将对港口进行改造升级。到2020年，承担出口水产品至欧美和亚洲的港口数目将增加到70至80个。

具体措施包括对照外国的进口标准导入卫生管理设备以支援

出口。现在只要满足以下任一条件的港口：①水产品出口量达到5000吨以上；②贝类、鲑鳟鱼等养殖类水产品出口量达到1000吨以上，就可以作为“流通、出口基地渔港”。然而，由于卫生管理体制不够完善，在150所渔港中能符合外国进口标准的仅有两成。

2015年水产品出口额约为2700亿日元。政府计划在2020年增长三成，达到3500亿日元。其实，如果我们不仅仅把“海洋站”只当作出口基地，而是将其作为与外国游客交流的场所和当地乃至整个日本的宣传平台加以充分利用，相信日本的水产品也能随之在世界上打开销路。

温哥华与箱根、轻井泽，究竟有什么不同

加拿大温哥华，是位于加拿大不列颠哥伦比亚省西南部的一个城市，人口约为60万，发源于落基山脉的菲沙河从这里入海，这里的经济主要依靠林业资源。

温哥华向来治安良好，在加拿大境内气候也比较温暖，所以这个城市的房地产价格很高，一直以来都是作为富豪阶层喜爱的度假地而闻名。港湾里密密麻麻地停满了豪华游艇和帆船，岸上主打龙虾、海蟹等海鲜料理的高档餐厅鳞次栉比。

据对当地房地产行情非常熟悉的相关人士介绍，最近温哥华的高档公寓不再像过去一样为美国人或者加拿大人持有了，而大

多为中国、韩国的超级富豪们所有。这些高档公寓一套的价格也要数亿日元。在这里休假可以俯瞰美丽的乔治亚海峡。温哥华明显具备受富豪们青睐的诸多要素。

然而在风光明媚、气候温暖等方面能匹敌温哥华的场所，日本国内要多少有多少。但日本为什么就没有一个世界知名的、外国富豪聚集的度假地呢？

说到日本国内知名度较高的度假地，有轻井泽、箱根、冲绳等，既有一些外国人来访，又聚集了某种程度上的有钱人。

但欧美和亚洲的超级富豪阶层很少来日本。为什么？

原因在于日本没有供那些人享受的、真正意义上的顶级度假地。那些人去一个地方花费数百万日元也面不改色，而大多数日本人对于“有钱人”的概念跟他们还完全不在一个数量级。

他们会乘坐私人飞机来日本，而日本能够专门停放私人飞机的机场极少。他们往返机场也不会选择坐车这种又土气又危险的方式，而是坐直升机直达度假地酒店。当然酒店必须要有直升机。

酒店还要完全保证客人的隐私。还有这种酒店内基本不会发生碰见其他客人或者保洁人员的情况。

他们的乐趣不仅仅是在顶级餐厅里吃饭，还在于乘帆船或游艇观光、娱乐，在奢侈品店购物，在高档会所里做美容，有专门的高级轿车接送他们，带他们去市内参观。他们只和相关人士秘密聚会。他们享受这些烧钱的方式。

地方城乡也可以建设吸引顶级富豪阶层的度假村

现在日本没有哪个地方城乡能够满足这些超级富豪的需求。北海道的二世谷和轻井泽等也是深受外国人喜爱的度假地，但是它们都无法满足超级富豪的要求。

现在外国游客在日本的人均消费额仅为17万日元。不得不说，这个数值与日本人自己来个三天两晚的国内短途游的花销差不多。

今后我们在吸引外国游客的时候，不应该仅仅追求“数量”，还应该重视“质量”。地方城乡如果能从“硬件”和“软件”两方面改善自身条件，吸引超级富豪阶层来日本的话，城市地位也会得到很大提高。

不过日本一旦有建设这种顶级度假村的计划，就必定会招来许多否定和批评的声音，比如“那种酒店肯定卖不出去”“不把交通改善好，是没有客人来的”。

许多日本人都是以自己为标准来衡量这些项目，他们只会考虑从新干线车站下来后的交通、从高速公路下来后的交通，所以才发出这些批评。

如果从最多待三天两晚、匆匆忙忙旅游一趟的角度来考虑的话，确实不需要建这样的酒店，但是富豪阶层需要的是悠然自得地待上一两个星期。而我们缺乏的正是这种能让人长时间逗留的设计。

位于越南岘港的洲际酒店是一处豪华度假村。现在从成田机场到岘港有直飞航班了，但是这个差不多处于越南首都河内和胡志明市正中间的城市也算是相当偏僻的了。

去岘港一般要从河内或者胡志明市再坐一小时飞机，而这个酒店所在地从机场过去还有40分钟车程。就是这样一处酒店，如今像是一颗冉冉升起的新星，吸引了全世界的富豪名流，来这里度过宝贵的假期时光。

这里没有新干线也没有高速公路，一栋栋小别墅沿着陡峭的山坡修建，依山而立，向海而栖。客人一来到这里就能感受到真正的休憩。

日本也应当修建这种能够吸引全世界富豪名流前来的顶级度假酒店。我们需要招募设计人才、做好软件配置、研究清楚富豪阶层的喜好，建设一个能让他们住得悠然惬意的顶级酒店，而他们也将给当地带来巨大的消费额。

时至今日，日本该是面向顶级富豪打开国门的时候了。

湘南 T-SITE 的茑尾书店

第七章

『陆海空』全方位经济模式

——国家的发展模式在变化

由铁路与公路支撑起来的日本发展历程

日本作为一个地处远东的岛国，过去很少受到外敌侵犯。而日本也利用岛国这一特点，在江户时代长期采取“锁国”政策，这在世界上也属罕见。

尤其是在太平洋战争战败之后，日本根据《日美安保条约》，将国防安全问题大部分交给美国，而将经济增长作为一大目标，致力国家发展。

战后，国家的目标是振兴产业，使之能维持1亿国人的生活，国内各地建设了大量工厂。由于原材料依赖外国，日本沿海岸线修建了港口以进口原材料，然后在离港口不远的地方建设工厂。日本的发展模式是，从港口收进原材料后，在附近的工厂加工成产品，再出口至美国等国家。

另外，由于日本的地形是南北比较长，多山，所以城市与城市之间的交通网络建设成为了一大课题。而东京与大阪等大城市需要从地方城乡招募大量的劳动力，所以亟须修建铁路以运送人力去大城市。

因此，日本的大多数铁路都是在如何将人大量而快速地送往东京、大阪等大城市这一思维模式下建设起来的。

而且为了给这些从各个地方来到大城市的人们解决住房问题，郊区不断地开发修建住宅，铁路则担负着每天将劳动者们从郊区送往位于东京市内的公司的重任。

另外，由于汽车的普及和以卡车为代表的物流运输业的发展，政府在全国范围内开展了高速公路建设工程。

田中角荣于1972年6月出版的《日本列岛改造论》一书提出了日本今后的发展方案，这是一本富有象征意义的著作。田中角荣对这个方案抱以极大的热情，他提出通过建设高速公路、新干线、本州四国跨海大桥等快速交通网络将日本列岛连接在一起，大力发展地方城乡的工业，同时解决地方城乡人口稀疏、大城市人口过密以及环境污染问题。

然而，我们也不得不指出，与田中角荣的初衷背道而驰的是，地方与东京在“时间距离”上的缩短反而加大了东京对于地方的虹吸效应，加剧了地方的人口减少和老龄化进程。

日本是个岛国，且与外国的联系主要是通过贸易上的进出口，因此在国土建设方面也是围绕如何将国内制造的大部分工业产品高效率地出口至国外来进行规划建设。

另一方面由于进口的大多是生产工业产品所需的原材料，所以关注的重点在于原材料从港口卸下来后，如何高效率地搬运至工厂。因此日本的大部分港口都不是人们可以站在那里欣赏风景的场所，而是集装箱、吊车林立，注重实用性。日本的港口都有着这样的时代背景。

或许可以这样认为，此前日本的国土发展必须基于往西方运送“物品”——另一种意义上的“进京”模式。

铺满全国的铁路网络、高速公路，加速了产业的发展，给国民带来了极大的便利，为国家的发展做出了巨大的贡献。

同时，建设高速公路和新干线也容易获得当地选民的支持，另外这里边还掺杂了许多利益，对于政治家而言是笔一本万利的生意。政治家都热衷于打着为当地谋利益的口号修建铁路和高速公路。

停止对铁路与公路的过度依赖

日本多年来一直以修铁路和高速公路作为国土发展的主旋律，然而国内的环境已经发生了巨大的变化。

人口减少，国民年龄结构急剧地老龄化。

过去的发展模式是“进京”思维下的发展模式，即铁路和高速公路的建设是基于经济的不断发展，人口和车子增多。

然而，现在人口停止了增长，不再像过去那样能为东京、大阪输送大量人口的地方城乡陷入了自身的生存危机。即使在这样的时候，中央和地方仍然在打包售卖“新干线和高速公路”，召开各种评审会议，制订今后的铁路和高速公路建设计划。

过去正确的路线，到了现在或者将来却不再是必走的路线，对于政府机关和地方上来说，要去否定这样一条路线也不是很容易，因为他们的使命就在于忠实准确地执行既定政策。至于推翻政策，原本是政治家的职责。

然而，我们国家和地方上的大多数政治家都拘泥于过去的发展模式，他们打着为地方带来利益的旗号修建永远亏损的新干线，为了自己谋取权力而修建毫无用处的高速公路。这些建设项目，是政治家对当地“看得见”的贡献，而从这些项目中捞到的好处更是推动这些政治家的动力。他们为这些建设项目，现在还在霞关[①]和永田町[②]请愿。

当然，我们现在也仍然需要修建一些必要的铁路和公路，但过去那种发展模式下的建设应该停止了。

日本需要一种全新的国土发展模式，一种为“下乡”创造条件的发展模式。认识到这一变化，并且根据这个变化做国土建设规划才是日本今后亟待解决的课题。

① 霞关：位于东京市千代田区。日本政府各部门的本部大都集中于此。
② 永田町：位于东京市千代田区。这里有国会议事堂。霞关和永田町可以说是日本的行政和政治中心。其中霞关通常是官僚的代名词，永田町是国会议员、政治家的代名词。

作为接待外国人的窗口，机场、港口、车站都需要重新改造

在人口不断减少、国民年龄结构老龄化的进程中，日本的内需扩大是有限的。如今家庭消费支出在不断下降，这里面有国家经济政策没有取得预期效果的原因，同时人口结构的老龄化也给消费造成了越来越大的负面影响，因为比起其他活跃于社会上的年龄层的人们，老年人是不怎么消费的。

如果这样的状况一直延续下去，那么无论政府出台什么样的经济政策，消费也不会出现令人欣喜的回升。

但是如果在日本人不消费的时候，有外来的人来填补这一空缺，结果就会不一样了。而且如果填补的人越来越多的话，就会需要更多的产品，消费因此得到刺激，经济向好，国家也能继续发展。

关键在于我们如何接纳这些外来的人和物。

地方上对于“外来之客”原本是不够包容的，从“外人”这个称呼就能看出他们对不熟悉的人的戒备心，他们潜意识中会希望排除外人、确保本地秩序。

但是这个国家素来都是要求地方和民众对中央政府保持顺从。江户时代有一种“轮流觐见”的制度，各藩诸侯每隔一年就要去江户谒见将军（进京）。到明治政府时期为了富国强兵而推行产业振兴政策，从地方吸收劳动力至中央来支持国家发展，这也是一种“进京”模式。

然而，今后支持日本经济发展的是来自国外的“外人”，更确切地说是“外国人”。而接纳这些外国人入境的门户是“车站”“港口”“机场”。因此，我们需要站在迎接外国人的门户的角度来重新审视这些地方。

对于外国人而言，车站、港口、机场是他们踏上异国土地的第一步，我们要让他们在这里接触到的所有一切，包括景色、事物、空气、语言、文化，都充满魅力。在这一点上，现在的车站、港口、机场都没有发挥出最好的效果。

过去许多地方在打扮自己上面都没怎么费过心思。地方政府将重点放在了丰富当地居民的娱乐生活方面，修建了漂亮的市民活动中心、美术馆、剧场、体育设施等。

地方上的发展思路是要离东京更近，东京有的事物地方上也要有。鸟取县平井县长因为县内没有星巴克而自嘲的那番话充分显示了：拥有东京流行的事物、能即时获取来自东京的讯息，是一个城市地位的象征。

然而，对于从东京来的人或者外国人，看到这些建筑或者店铺，他们只会说“小地方也有这么漂亮的体育馆啊，是拿国家的财政补助建起来的吧”，或者“哇，ZARA（飒拉）还开到日本的这种小城市来了”。他们只会发出这样的感叹而已，并不会进入这些建筑或者店铺，也不会为此心动。

许多地方城乡都期待凭借自己的一己之力实现振兴，然而令人遗憾的是，在许多地方这种“自力更生”已经不可能了。仅凭自己，就过上和东京一样的生活，现代社会没有这种剧本。

那就请外国人来帮我们解决这个问题吧。而此时，我们需要认真考虑的就是，如何在外国人面前展示自己的魅力。

从这个意义上来说，重新包装后的“车站”“港口”“机场”将成为地方振兴的“新三大神器”。我们的思维方式要从“进京”模式切换到“下乡”模式，从如何欢迎外国人的角度去对现有的设施进行改造包装。如此，相信地方城乡很快就能迎来崭新的发展。

建设“小东京”，毫无意义

笔者曾经在某个电视节目中，参与“空房问题”的讨论。大家从空房问题聊到地方人口减少的问题，并且提议设法将空房利用起来为解决地方人口减少的对策服务。在聊到地方人口减少的话题时，一个地方政府职员说了这样一番话，“每个地方都要增加人口，每个地方都立下了今后的人口增长目标。我们把全国所有城市的目标数加起来一算，居然达到了现在日本人口的1倍。”

从这位职员的发言中可以看出现在地方政府在制定政策时的“假大空”，以及大部分政策的目标都是只要自己变好就行了，即追求“独善其身”。

然而“独善其身”是无法“兼济天下”的。更何况现在地方上其实连“独善其身”也做不到，这些政策无法为地方的发展勾画蓝图。

过去许多地方的政策都是试图阻止本地人流出。比如在本地造工业区，吸引大企业前来建设工厂以保证就业，完善公共设施，将风靡东京的店铺招揽过来等。

这些政策并不意味着是错的，但是地方城乡即使实行了这些政策也无法赢过东京等大城市。以“小东京”为目标，是无法超越东京的。

随着产业结构的变化，许多工厂已经将据点转移到了亚洲其他国家。对于处在国际竞争中的日本大多数产业而言，地方城乡即使劳动力再充沛也已经失去了吸引力。如今，在以东京为中心的产业链当中，地方城乡已经找不到自己的位置了。

在这种情况下，地方城乡需要转换思维。我们要面对地方城乡今后将继续对东京、大阪等大城市流出人口这一事实，要明白“去者不可追”。

NHK 电视台曾经播出过一部晨间剧叫作《海女》。该剧于2013年4月开播，以岩手县南三陆地区为舞台，讲述了曾立志成为一名“海女”的东京姑娘天野秋的成长故事。主演能年玲奈（现在改艺名为 Non）的演技非常好，这部电视剧在当时受到了很多观众喜爱，令人记忆犹新。这部电视剧中有这样一段情节，小秋的朋友足立结衣（桥本爱饰）无法放弃自己当明星的梦想，跟小秋一起坐夜间巴士从故乡“逃”往东京。

而当地人察觉到了她们的行动，做了各种防范措施，防止她们逃走。最终由于当地居民的阻挠，她们被带回家中。这一情节，充分地表现了地方上对于人才流失的恐惧。

然而，正如电视剧中她们最终奔赴东京一般，无论地方上怎样阻挠，也不可能从根本上阻止人口的流失，因为东京的魅力无可阻挡。

虽然“去者不可追”，但是地方上也可以从大城市或者其他地方城乡拉来人，这是地方城乡今后的目标。

城市发展的条件是新陈代谢

在第五章我们提到过，一个城市发展的条件就是人口的流入和流出都很剧烈，也就是说“新陈代谢”很旺盛。

神奈川县川崎市就是个典型例子。

从20世纪60年代后半期到70年代左右，川崎市作为京滨工业圈中环境污染极为严重的一个城市，在全国的印象都非常负面。而现在它拥有新百合丘住宅区和武藏小杉这样的高级公寓密集的社区，人口达到了147.5万人（2015年），成为紧随神户市之后的、排在第7位的政令指定都市[①]。

① 政令指定都市：在日本，人口达到50万以上的城市通常被认定为政令指定都市，原则上仍隶属于上级县的管辖，但享有一定程度的自治权。

我们来看一下川崎市的人口流动情况，每年流入川崎市的人口约为10万人，而流出的人口，2015年也达到了将近10万人。（图16）

图16 川崎市人口变动

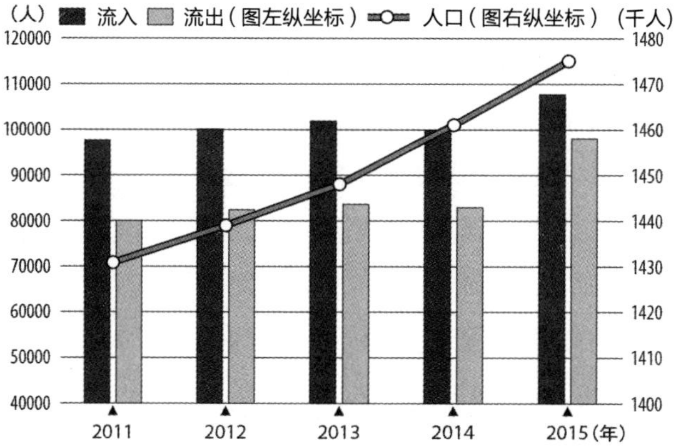

来源：川崎市

川崎市也是东京上班族的住宅城，但市内沿 JR 南武线聚集了许多企业，形成了一个工作地紧邻居住地的城市。川崎市每年有6%的人口流出，而流入的人口更多，城市发展良好。

那么一个城市保持一定数量的市民更替，究竟有什么好处呢？

“更替”意味着经济有活力。人口的流动首先带来房地产的交易。原先租房的人退租，新来的人补上，或者持有房子的人卖房。在这些行为之间都会有金钱流动。

新来的人为了展开新生活也需要大量购物，比如家具、家电、日用品等。开始了新生活的人也会去市内各个地方参观、游玩。他们也许会发现一家很喜欢的商店，并且买很多东西。

随着新客户的不断出现，商店一方也要不断“学习”。他们要琢磨新客户的喜好，要花心思做设计博得客人的喜爱。

如此一来，城市经济就会活跃起来。这就是新陈代谢的重要性。毕竟天天看同一张脸，也很无趣。

地方城乡现在正是应该积极招揽人的时候。比如可以跟大企业合作，以一定期限为条件将中高年龄的职员调到地方上来，当然并不需要一开始就让他们搬家过来。

在大公司里一般过了45岁，职位上还能不能往上升基本就已经定下来了。如果有因无法升职而抱怨的员工，可以把他们调到地方政府机构来，请他们为地方上贡献能量。他们也许能打破地方上的常规，给出一些崭新的谋划。大公司员工一般都有很多人脉资源，业务能力也比较强，也更善于运营项目，将各种项目更快地推上正轨。

在这些调到地方上的人当中，或许也会出现一些喜欢上当地，最终搬迁至当地的人，这就更值得庆幸了。这样一来地方上能真正地得到有用的人才。

成长需要新陈代谢。地方城乡现在虽然经济低迷，但是背后也蕴藏着无限的可能性。

日本为什么没有广场

日本在江户时代受到漫长而严苛的封建统治。一个很典型的例子就是，日本没有广场。

广场是人们自由集会、议论、休闲的地方。这就是广场的作用。

2009年美国前总统奥巴马在捷克首都布拉格公开演讲，呼吁国际社会建立一个“无核世界”。其演讲的会场就在市内知名的广场——赫拉德查尼广场。

位于捷克・布拉格的赫拉德查尼广场。广场可谓民主主义的原点。日本地方城乡提升活力的关键在于今后能出现多少类似于广场的地方。

在封建统治下日本原本也不可能建设让民众聚集的广场。在城市里，民众按照他们的身份地位居住在相应的地段，老百姓们住在那种密密麻麻的狭长房屋里，根本就没有地方造广场。

虽然日本没有广场，但是“小巷”也具备了一定的类似功能。小巷里通常会摆着一些长板凳，老百姓们在这里聊天、下棋，互相窥探对方的生活，形成了一个个生活圈子。

回到现代，现在地方城乡里能让民众们轻松方便地聚集到一起、相当于广场的场所有些什么呢？随着城市不断地开发建设，具有日本特色的“小巷”已经逐渐消失了。曾经坐在长板凳上下棋的老爷爷们，如今早就住进养老院去了。

即使在地方城乡，家庭的规模也都在变得越来越小，人与人之间的关系越来越淡薄，连互相见面的机会都越来越少了。由于智能手机的普及和社交网络的发达，人们之间随时随地都能取得联系，但是相反地，人们也变得足不出户，越来越多地宅在家里了。

智能手机和社交软件的优点就在于能够随时随地联系，但是它的缺点在于人们之间的联系越来越固化于跟自己喜欢的特定的人之间的交流。沉迷于自己的世界里，不关注其他人、事，不和各种年龄层、各种职业的人交流，其结果就是思维模式单一，人也变得幼稚，无法直面现实世界。

在设计制作手机游戏的公司里上班的员工曾告诉笔者一些游戏制作的套路。游戏的世界是一个假想的世界，在这个假想的世界里，自己就是主人公。可以将前来攻击的敌人驱散，也可以向着自己的目的地勇往直前。目标达成时的那种成就感令人沉迷，游戏可以轻松地化解现代人的孤独感和压力。不过这些沉迷于游戏的男男女女，最爱的也仍然是需要队友的对战型游戏。一个人就能“成功”的游戏都无法长久，和朋友一起并肩作战才能获得“终极的喜悦”。这么看来，人们终究是无法一个人生活和生存的。

地方上确实需要建设一个能将男女老少聚集到一起交流的广场。不过现在随着居民的老龄化以及越来越多的住宅往郊区扩散，即使修建了广场也很难召集来人。

所以我们首先要考虑如何才能召集来人。而如果召集来的只是一群价值观完全相同的当地居民，那么这个“交流”的意义也是有限的。

建设广场也需要一些“谋划”，我们要考虑建设广场的一整套战略方案。

建设广场促进社会交流

首先我们需要考虑在哪里建设广场。

之前提到，现在许多地方已经无法“自力更生”了，这些地方需要从过去的“进京”思维转换到“下乡”思维，需要从外面吸引人来。

从外面来的人，“车站”“港口”“机场”是迎接他们的窗口。广场的最佳选址就是这些人到来后的第一站，即“车站”“港口”“机场”。

接下来需要考虑的就是如何打造这个欢迎客人的广场。

之前我们提到过许多地方车站前面一般都会有个交通岛广场。但是这些交通岛广场大多主要是为了乘客换乘巴士或出租车等交通工具而建设的，当作广场来使用的却很少。

因此我们提议将交通工具挪到地下，而将现有的交通岛广场重新改造成人们在这里相聚、交流的广场。现在车站地面是交通工具、地下是人行通道，我们要把这个思路反过来。

反过来后地面就有了广阔的空间，这个空间就是为所有从国内外来到这个车站的人们以及在这里迎接他们、与他们交流互动的当地人而打造的广场。

广场给日本人的印象通常是非常空旷的。而对于性格比较腼腆内向的日本人来说，在空旷的空间里很难制造交流的机会。

因此我们要将广场改造成迎接外来客人的“主题公园”。我们还可以建上一排排长长的木头房屋，在里面摆上当地的土特产品。木屋间要留出“小巷”，客人们可以穿过这些小巷去大街上。还可以搭建一个舞台，表演一些当地的传统艺术。当地的特色美食也可以在车站前设个摊位，知名度一定会迅速上涨。

地方上的一些企业也可以在这里设个介绍展台。从车站出来的旅客经过这个广场，随处都能看到当地的信息，无论旅客来此的目的是商务还是旅游，都能对当地有更多的了解。

即使旅客行程匆忙，无法把广场上的所有设施都逛完，但是只要在这里跟当地的人们有所接触，对当地有一些好感，那么就有可能再次来到这个地方。

另外，这些外地人来到当地后希望看到的应该也并不是把他们当成游客而做的“一本正经”的装扮。只有近距离地看到当地的日常生活状态，才能极大地感动他们。

位于金泽市市中心地带的近江町市场是一个经营日常生鲜食品的市场，顾客群原本都是本地普通市民。但是现在有许多游客纷至沓来，使这里成了市内有名的“景点”。

我们通过将车站广场打造成一个自由市场，或许还能把分散至郊外的当地民众吸引回来。

紧凑型城市之所以招来那么多批评，就是因为民众认定政府是要把市民强行拉回车站周边那种道路狭窄、乱糟糟的市区地段。

而如果我们以车站广场作为契机，让市民们发现这里有跟外面的人交流的机会，可以做生意，还能接触各种各样的信息，市民们也许会自然而然地回到车站附近来了。

过去来到地方上的游客一从车站出来，马上就有人将他们带上面包车，带往自己经营的酒店或者旅馆。

游客连当地的面貌都还没来得及看清，一到旅馆，旅馆就招待他们去泡温泉、吃晚餐，然后一回到房间就让他们躺进铺好的被子里睡觉。

这样的流程，真的是对游客“好”的行为吗？更多的是图自己方便吧。

每个地方城乡都应该设置“广场特区”

我们将地方城乡放在人与人的关系中来考虑。地方上将自己的面貌展示给从国内外来到“车站”“港口”“机场”的客人们，而客人们为当地的这些“人”“物”“事”所触动，被当地吸引。

一直以来地方上都是按照常规套路，拿出各种自认为好的东西招待客人。

其实对于地方上而言，最重要的是将自己的真实面貌展示给客人，让对方对自己的优点给予好评。

现在的客人，都是手握“利器”而来。也就是说，他们会将自己住过的酒店旅馆、吃过的餐厅、参观过的景点都写成感想，放到网上去评论。而看到了这些评论的人，会对他们去过的地方产生兴趣，由此构成了一个“人拉人”的循环。

好评会不断扩散，新的客人会不断被吸引过来。但是，一旦被打上“不好”的烙印，想要推翻这个差评就需要费很大的力气。说别人“故意差评”，这种辩解根本站不住脚。

广场是一个为当地人与外来人进行多方面交流创造机会的场所，在广场战略中，最重要的是如何设计广场的内涵。

各个地方的广场都可以有自己独特的设计，应该不至于出现一些看上去很“高档”的格格不入的建筑。另外也不要有“吉祥物”出来跳些莫名其妙的舞蹈，那不是广场存在的意义。

每个地方都应该设置一个“广场特区”，以吸引众多的“外人”

前来。广场不仅仅具备“旅游”的要素，在当地人和“外人”的接触中，“关系”即“纽带”也就自然地产生了，因此也可能给当地带来新的商机。而且国内外的“外人”，在这些互动中体验深刻，还会再次来到这个地方。如果地方城乡能够按照笔者描述的脚本去操作，必将创造出与过去不同的佳绩。

地方城乡需要“陆海空”全方位的发展

最近神奈川县藤泽市的一处工厂旧址，被改成了一块新的住宅基地。这里曾是松下集团的一处工厂，面积大约为19万平方米。松下住宅与三井房地产公司计划在这里依次建设独栋住宅区、公寓楼、商业设施、医疗机构、护理机构和教育设施等。该建设地块被命名为“Fujisawa Sustainable Smart Town”（藤泽可持续智慧城），将整体导入节能、环保的循环系统。

该区域内已经开业的商业设施“湘南 T-SITE”，是茑屋书店以书店为核心开设的一个新型复合商业体。

这家商店给顾客的感觉就是“不要匆匆忙忙的购物，放松下来休息一会儿”。

店内不止有茑屋书店，还有咖啡厅、卖日用杂货的地方等。商店的中央区域摆着坐起来很舒服的沙发、椅子，还有桌子，客人可以自由自在地在这里待着。店内随处都有能让人休憩的空间，即使什么都不买，也能在这里舒舒服服地打发一天的时光。

或许地方广场战略也需要从这样的角度去构筑。

我们要让地方民众觉得即使没有什么要做的事情，也想去广场上转转。去广场上就能碰到人，就会有某些新的发现。

作为人们交流的场所，广场的设计最重要的是要让来这里的人们自由地消遣，拥有新的体验和发现。

建设在能遇到外人的“车站”“港口”“机场”前面的这样的广场，是今后带动地方城乡发展的轮轴。

世界上的军队都是由陆海空三军构成的。而战争通常是与外人打。

对于地方上而言，与外人的相遇，也是通过陆海空三个场所。打仗需要迎击，而我们现在需要的是迎接。迎接的阵势也当如打仗，需要跟军队一样的三军编制。

今后地方上很难仅凭内部力量实现发展目标了。如同井底之蛙般将自认为好的东西拿出来做宣传，不过是自说自话、徒劳无用。

地方城乡曾被时代的洪流裹挟，踏上“进京”之路，如今是时候“呼朋唤友”衣锦“下乡”了。同时我们需要构筑一个“陆海空”三军体系来为“下乡”之路保驾护航。有了这样一个全方位的战略规划，地方城乡的崭新蓝图将在我们脚下徐徐展开。

地方城乡的未来，在不远处闪闪发光。

后　记

“优先发展下乡经济”时代的到来
——地方城乡将重放异彩

笔者在学生时代加入了登山社团。春天会在奥多摩或者丹泽的群山间随意走走，夏天会背上重重的登山包横穿八岳山、南阿尔卑斯山或者北阿尔卑斯山，秋天则去苗场山或者妙高山赏红叶。

有一段关于登山的经典对话是这么说的：

“为什么要登山？”

“因为山在那里。”

大学毕业走上社会之后的人生也如同登山般起起落落，不由得让人感叹人生就是一场登山之旅。

登山，有“上”自然就有“下”。然而人们经常说“登山”或者“爬山”，却从来不说“我下周去下山”。

登山会有一种征服大山的成就感。然而下山首先会给人一种事情已经结束的安定感，拍电视剧都没有拿下山做主题的。

从实际登山之后的体验来说，下山时的心情是最开心的。下山后就可以泡温泉，泡温泉的时候还能喝瓶啤酒。肚子饿了吃饭特别香。在山上吃的咖喱饭虽然还不错，但是山下温泉旅馆里的盐烤红点鲑简直是极品。

或许登山真正的快乐就是下山时的那种爽快感。

日本的发展长期以来都如同在走爬山之路。整个日本都围绕东京拼命旋转，东京几乎集中了所有的功能，同时也产出了所有的财富。

今后或许要享受一段下山之路。不用着急，也不要逞强，去山下“吃顿好饭”。

下山之后会发现世外桃源，那就是地方城乡。

让我们为地方城乡的发展重新做出规划，让这颗明珠拂去蒙尘、重绽光华，吸引众人前来。

日本新的发展道路，隐藏于广袤的地方乡野。

图书在版编目(CIP)数据

老去的东京,苏醒的地方/(日)牧野知弘著;魏海波,陈海燕译.—桂林:广西师范大学出版社,2021.9
(世界知库/刘广汉主编)
ISBN 978－7－5598－3325－9

Ⅰ.①老… Ⅱ.①牧… ②魏… ③陈… Ⅲ.①经济发展－研究－日本 Ⅳ.①F131.3

中国版本图书馆 CIP 数据核字(2020)第 198778 号

老去的东京,苏醒的地方
LAOQU DE DONGJING,SUXING DE DIFANG

出 品 人:刘广汉
责任编辑:刘　玮
助理编辑:陶阿晴
内文照片:牧野知弘
装帧设计:李婷婷

广西师范大学出版社出版发行
(广西桂林市五里店路 9 号　　邮政编码:541004
网址:http://www.bbtpress.com)
出版人:黄轩庄
全国新华书店经销
销售热线:021－65200318　021－31260822－898
山东新华印务有限公司印刷
(济南市高新区世纪大道 2366 号　邮政编码:250104)
开本:650mm×960mm　1/16
印张:12.25　字数:109 千字
2021 年 9 月第 1 版　2021 年 9 月第 1 次印刷
定价:54.00 元